Sanando tus lazos familiares

5 pasos para liberarse de patrones destructivos

Sanando tus lazos familiares

5 pasos para liberarse de patrones destructivos

Rebecca Linder Hintze

Prólogo de Stephen R. Covey

Grupo Editorial Tomo, S.A. de C.V.,
Nicolás San Juan 1043,
03100, México, D.F.

1a. edición, abril 2011.

Nicolás San Juan 1043, Col. Del Valle
03100 México, D.F.
Tels. 5575-6615, 5575-8701 y 5575-0186
Fax. 5575-6695
http://www.grupotomo.com.mx
ISBN-13: 978-607-415-263-0
Miembro de la Cámara Nacional
de la Industria Editorial No 2961

Traducción: Graciela Frisbie
Diseño de portada: Karla Silva
Formación tipográfica: Francisco Miguel M.
Supervisor de producción: Leonardo Figueroa

Impreso en México - *Printed in Mexico*

A mi familia eterna;
que este mensaje cambie
el pasado, el presente
y el curso del futuro.

CONTENIDO

CONTENIDO

"El legado del pasado
es la semilla que produce
la cosecha del futuro".

—Inscripción en la estatua "Heritage" [Legado]
en los Archivos Nacionales, Washington D.C.

PRÓLOGO

Por Stephen R. Covey

Sólo piensa en el título de este libro: *Sanando tus lazos familiares.* ¿En realidad puede el presente sanar el pasado? ¿Y puede además crear un futuro nuevo? ¡Vaya una paradoja!

¿Qué tal si eso fuera verdad? ¿Qué tal si el pasado ya no tuviera al presente y al futuro como rehenes? ¿Podría haber algo más profundo? De hecho, ¿podría haber algo más extraordinariamente motivador, emocionante e inspirador? ¿Qué tal si, mediante una comprensión profunda y mediante acciones sensatas basadas en ese conocimiento, no sólo pudieras acabar con los ciclos nocivos e impedir que los patrones destructivos pasen a la siguiente generación, sino que también pudieras respaldar e impactar a tus hermanos, a tus padres y a tus abuelos, si aún viven?

Sanando tus lazos familiares es un libro absolutamente asombroso y es una idea que tiene un profundo significado. Quienes descubran la verdad que hay en él y actúen de acuerdo a ello, llegarán a ser poderosos agentes de cambios positivos en su familia.

Hace muchos años fui miembro de un comité de profesores universitarios; todos eran personas cultas y muy dedicadas, con diversas especialidades y disciplinas que estaban interesadas en llegar a entender los principios clave de la sanación, no sólo para los individuos, sino también para las relaciones y las familias. Fue absolutamente fascinante ver la síntesis de los pensamientos, de la investigación y de los escritos elaborada por personas que se estaban esforzando por ser muy abiertas y receptivas.

Después de más de dos años de trabajo sinérgico, en el que todo mundo creció y aprendió, llegamos a algo que ninguno de nosotros podría haber anticipado cuando iniciamos el proceso. La percepción clave que todos descubrimos confirma el mensaje de este libro. Fue que cada uno de nosotros tiene el potencial de llegar a ser lo que nosotros llamamos una "figura de transición": una persona que puede romper los ciclos intergeneracionales de hábitos y patrones de conducta dañinos. Al hacerlo, no sólo causamos un impacto positivo en las generaciones futuras, sino que causamos un efecto en las personas que están vivas y que tal vez han creado o transmitido estas tendencias, hábitos y patrones de conducta destructivos. Las figuras de transición tienen acceso a un nivel de motivación y de deseo que trasciende en forma significativa nuestras propias metas de desarrollo personal.

Hace muchos años, estuve en Hawái durante un sabático. Fui a una biblioteca y caminé entre los estantes reflexionando. Encontré en ellos un libro que contenía las tres siguientes afirmaciones. Afectaron profundamente muchos aspectos de mi vida, y de manera especial, afectaron mi trabajo:

Entre el estímulo y la respuesta, hay un espacio.

En ese espacio yace nuestra libertad y nuestro libre albedrío para elegir nuestra respuesta.

En nuestra respuesta yacen nuestro crecimiento y nuestra libertad.

Reflexioné sobre estas afirmaciones una y otra vez; prácticamente no pude pensar en nada más durante algún tiempo. Me di cuenta de que entre cualquier cosa que nos haya ocurrido en el pasado (como nuestra constitución genética) y nuestras circunstancias actuales hay un espacio en el que podemos elegir cómo responder. El resultado de esa elección puede ofrecernos libertad y crecimiento. Aunque yo entendía la idea a nivel intelectual, su fuerza emocional me proporcionó tanto un sentido de libertad que me llenó de emoción como un aterrador sentido de responsabilidad.

La mayoría de los seres humanos hemos heredado tendencias genéticas hacia ciertas enfermedades. Pero todos conocemos personas que, cuando cobraron conciencia de tales tendencias, optaron sensatamente por un plan de acción para evitar o al menos minimizar la manifestación de tales enfermedades en su vida. Éste es un ejemplo del espacio que existe entre el estímulo y la respuesta, y existen muchos otros ejemplos.

Siempre que vemos gemelos idénticos que crecen en circunstancias muy similares, pero que eligen diferentes rutas en la vida, hemos visto una vez más que se manifiesta ese espacio entre el estímulo y la respuesta. Nuestra libertad personal para elegir es nuestra bendición más maravillosa; bueno, tal vez es la segunda más maravillosa. Nuestro mayor don es la vida en sí; nuestra capacidad para dirigir nuestra vida tiene el segundo lugar.

Los animales no poseen esos dones, y como carecen de conciencia de su individualidad, no pueden reinventarse. Aunque tienen memoria y tendencias que se cultivan por instinto y a través del entrenamiento, estas criaturas no tienen imaginación para visualizar un futuro diferente, y no tienen voluntad, más allá de su naturaleza psicológica básica y de su condicionamiento. Sacas carne, tocas una campana y el perro produce salivación: carne, campana, salivación. Eliminas la carne y tocas la campana, y el perro salivará anticipando el banquete, como lo mostró la investigación de Pavlov.

Aunque muchos animales son muy inteligentes, no pueden observarse desde un punto de vista objetivo y examinar su propia vida; sólo los seres humanos podemos hacerlo. Sólo nosotros podemos unir la *conciencia de nosotros mismos* (lo que incluye la memoria) con la *imaginación* (que en realidad supera a la memoria o al conocimiento) y la *capacidad consciente* (que es el sentido innato y divino de lo correcto y lo incorrecto, y no es sólo un súper ego socializado, como diría Freud), y luego actuar en forma *independiente* para crearnos de nuevo, para acabar con patrones de conducta destructivos y ciclos malsanos, y así llegar a ser agentes de cambios positivos.

Las personas que se reinventan pueden llegar a ser modelos de un poder tan extraordinario e inspirador que infunden una comprensión de lo que en realidad es posible en todos aquellos con quienes se relacionan de cerca, en especial sus seres amados, como sus padres, sus abuelos y sus hermanos.

Al estudiar este libro, te aconsejo que sigas con cuidado los cinco pasos que presenta Rebecca Hintze para liberarte de patrones de conducta destructivos. Descubrirás que los cuatro factores que yo llamo dones humanos: conciencia de uno mismo, imaginación, capacidad conciente y voluntad independiente, se requieren para el proceso interior que Rebecca lleva a cabo en sí misma y para el trabajo de sanación que lleva a cabo con otros. En la interacción sinérgica de estos cuatro dones únicos del ser humano podrás ver la poderosa sanación intuitiva que ella lleva a cabo y documenta.

Espero que al terminar de leer este libro te hayas dado cuenta de que tu pasado ya no necesita tener como rehén a tu futuro. A medida que tu conciencia de ti mismo deje al descubierto las ilusiones y los temores, naturalmente te sentirás motivado para usar la imaginación, guiada por la capacidad consciente y la voluntad independiente, para crear un futuro nuevo y sanar las consecuencias del pasado. No vas a cambiar la historia; vas a cambiar sus efectos. Ésa es la esencia del proceso de sanación.

Aunque Rebecca y yo no utilizamos el mismo idioma para referirnos a los cuatro dones humanos, conforme estudies sus relatos, notarás que la interacción de estos cuatro dones puede ayudarnos a sanar nuestro historial familiar, y a largo plazo, sanar la sociedad en sí. Esta sanación debe llevarse a cabo. Este tipo de esfuerzo va acompañado de un imperativo moral, ya que los sentimientos no expresados nunca mueren; quedan sepultados vivos y se manifiestan en formas más desagradables. Para ayudar a nuestro mundo a mejorar, primero debemos abordar a nuestras familias, que son las unidades fundamentales de la sociedad. Ninguna civilización ha sobrevivido jamás a su destrucción.

Las implicaciones de este libro para nuestras familias son en extremo emocionantes, significativas y profundas. Como un guijarro que se lanza a un estanque, las ondas de buena voluntad llegarán a la otra orilla del estanque.

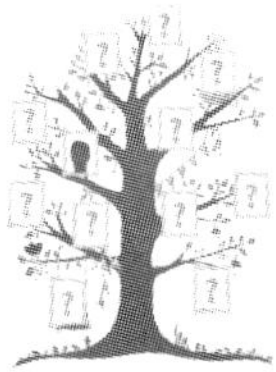

INTRODUCCIÓN

Cómo sanar a las familias y curarnos a nosotros mismos

Hace mucho tiempo, una joven esposa empezó a cocinar un jamón para la cena. Cuando le cortó los dos extremos y lo colocó en la bandeja para hornear, su esposo le preguntó por qué lo hacía, y ella le contestó: "Porque eso mejora el sabor". Pero más tarde ella tuvo dudas en lo relacionado con este proceso y llamó por teléfono a su madre, que era quien le había enseñado a cocinar. "¿Por qué me dijiste que cortara los dos extremos del jamón?", le preguntó.

Su madre le dijo: "En realidad no estoy segura, pero sé que eso mejora el sabor. Y así es como lo preparaba mi mamá".

Entonces la joven llamó por teléfono a su abuela y también le preguntó: "¿Por qué cortas los dos extremos del jamón?".

Su abuela respondió: "Porque si no lo haces no va a caber en la bandeja para hornear".

¿Alguna vez te has preguntado por qué tú, tu hermano, tu hermana, tu primo o tu tía actúan igual que la bisabuela, que el abuelo o que algún otro ancestro cercano?

Al igual que la joven esposa del relato, todos continuamos con las creencias y comportamientos que aprendimos de nuestros padres. A veces los entendemos y a veces no. Tal vez fueron lógicos en el contexto de la vida de otras personas, pero no siempre son lógicos para nosotros. El relato del jamón es sencillo y gracioso, pero muchos patrones de conducta y muchas ideas, son mucho más complejos y serios. Pueden tener un impacto tremendo y de gran alcance, ya sea positivo o negativo, en las consecuencias de muchas vidas. Por ejemplo, si dos personas se casan y tienen tres hijos, si más tarde cada uno de ellos se casa y tiene tres hijos, y esos nietos de la pareja original hacen lo mismo, y si ese patrón de conducta continúa a lo largo de doce generaciones (en la que todos se casan y tienen tres hijos), ¡el número total de descendientes de la pareja original es de aproximadamente 3 188 643 personas!

Aunque la esposa joven del relato inicial cree que los extremos del jamón se cortan para mejorar el sabor, esa costumbre se originó simplemente por conveniencia. En cuanto ella entendió la verdad, verificó el tamaño de la bandeja para hornear, descubrió que el jamón sí cabía en ella y cambió su forma de actuar.

Todos tenemos experiencias que hacen que lleguemos a conclusiones sobre el mundo que nos rodea; estas conclusiones llegan a ser "filtros" a través de los cuales vemos el mundo. Los ancestros las pasan a sus descendientes, quienes las adoptan tanto en forma consciente, como enseñanzas que tienen cierto propósito, como en forma inconsciente, absorbiéndolas. Al paso del tiempo, estas percepciones de la realidad se convierten en la base de los sistemas de creencias de la familia. Por supuesto, se les añaden y se les restan directivas, en base a experiencias individuales. No obstante, esas suposiciones pueden persistir durante varias generaciones y ejercer su influencia en incontables miembros de la familia. ¡Imagina las consecuencias si el comportamiento que la esposa joven hubiera aprendido no fuera cortar los extremos de un jamón, sino una de las miles de acciones enfermizas que las madres y los padres les heredan a sus hijos!

¿Por qué este libro?

Como madre, esposa, hija, terapeuta, y sobre todo, como ser humano, siempre he tratado de comprenderme a mí misma y descubrir lo que podría dejarles a otros, sin mencionar lo que otros me han dejado a mí. En mi búsqueda para llegar a descubrir quién soy en realidad, el espíritu que se encuentra debajo de los patrones de conducta que he heredado de generaciones, he trabajado para poner al descubierto muchas ilusiones poderosas creadas por tradiciones familiares falsas. Hacerlo me ha ayudado a verme con claridad y luego seguir adelante y sanar mis propias disfunciones.

Para que me entiendas, debes enterarte de un suceso importante en mi vida. Cuando tenía catorce años sufrí el Síndrome de Reye, una enfermedad mortal que en la actualidad se asocia con las enfermedades de la infancia y la aspirina. Casi perdí la vida. Gracias a la fe y a los ayunos de los miembros de mi familia, de la iglesia y de mis amigos, y gracias a mi propia voluntad de vivir, mi condición cambió en forma repentina el día en que se me había programado para una cirugía cerebral que pudo haberme dejado como un vegetal por el resto de mi vida. En unos cuantos días, me dieron de alta del Centro Médico de la Universidad de Georgetown; fue un verdadero milagro. En ese época yo era la única persona conocida que hubiera sobrevivido a las etapas avanzadas del Síndrome de Reye sin sufrir daño cerebral.

Aunque no tengo un recuerdo detallado de una poderosa experiencia "fuera del cuerpo" y relacionada con la "vida después de la muerte", tengo un breve recuerdo de estar fuera de mi ser físico. Tengo en la mente una imagen clara de verme rodeada de monitores. También recuerdo que recordé quién soy como ser espiritual y recordé mi propósito en la vida, como resultado de haber salido de mi cuerpo temporalmente.

A partir de esta experiencia tan cercana a la muerte, llegó a mi capacidad consciente una enorme cantidad de información. Aunque abandonar esta tierra pudo haberme parecido atractivo, sé que elegí permanecer en ella. De hecho, no tomé en consideración ninguna otra opción.

Desde entonces, y tal vez incluso antes, he tenido el deseo de contribuir a la vida de otras personas en forma significativa. Para realizar esta tarea, primero trabajé diligentemente para descubrir mi verdadero yo. En ocasiones he pensado que eso podría ser muy tardado y he sentido pánico, pues temía que tal vez moriría antes de lograrlo. He tenido que superar muchos retos, pero me he llenado de paz al darme cuenta de que todo se resuelve por sí mismo en este universo.

Actualmente trabajo como terapeuta y profesora en el campo de la psicología. He dedicado años a asesorar y aconsejar personas sobre la manera de sanar sus matrimonios, sus relaciones familiares y el dolor que brota de los abusos, de las adicciones y del abandono. Esto incluye ayudar a otros a identificar y revertir patrones de disfunciones que pasan de una persona a otra a lo largo de los años. Mi profesión me ha ayudado a ver que la mayoría de nuestras luchas personales de hecho se originan en nuestras experiencias con nuestras familias. Esto es lógico, simplemente porque nuestros familiares nos enseñan a pensar, a comportarnos y a creer. Como nuestras percepciones son nuestra realidad, y como muchas de nuestras ideas se forman a través de las experiencias que vivimos en el hogar, sanar el historial de la familia es la clave para mejorar como personas.

Después de muchos años de reconciliar antiguos patrones y de descifrar el código de las ilusiones que me estaban bloqueando, que estaban bloqueando a otros e impedían nuestra realización personal, se me ha bendecido con una vida hermosa. Mi matrimonio es feliz y duradero; ¡y aprender todo lo que describo en este libro ha sido un gran don para mis hijos, para mi esposo y para mí! Comparto esta información vital contigo con la esperanza de que también tú experimentes más alegría al trascender las percepciones limitadas de tu familia y encontrar tu verdadero yo en tu interior. El gozo verdadero llegará cuando descubras tu ser espiritual y uses tu conocimiento interior para llevar a cabo un propósito divino y glorioso.

Tradiciones y muros de ladrillo

Al iniciar el proceso de cinco pasos que se describe en este libro, lo primero que se te pedirá es que descubras cómo ha influido en ti la historia de tu familia y qué tradiciones enfermizas podrías estar pasando a otros. A diferencia de los extremos del jamón del relato que leíste al principio, que ciertamente se desperdiciaban, pero no causaban ningún daño, los patrones negativos pueden convertirse en grandes muros que nos bloquean y bloquean a nuestros seres queridos, impidiendo que logremos el éxito y la felicidad.

Hace algunos años descubrí un muro en mi propia familia. Un día, después de un fin de semana aburrido de trabajo en la casa y de tareas "urgentes a realizar", encontré a Shane, mi esposo, descansando en su sillón reclinable mientras veía un programa de actividades al aire libre en la televisión. Cuando pasé por la sala, él hizo un comentario sobre lo frustrante que era su trabajo como ingeniero y una vez más compartió conmigo su deseo secreto de dedicarse a producir y presentar programas como el que estaba viendo. Percibí que tal vez quería ampliar su comentario, así que me senté y seguí la conversación.

A lo largo de seis meses, mi esposo, que es muy consciente de sus deberes, había estado negociando una promoción en el trabajo. En realidad, su meta y sus esfuerzos por avanzar habían estado presentes durante varios años, pero en los meses recientes le habían prometido una nueva posición con grandes posibilidades. No obstante, pasaban días y semanas, y esa posición no se había materializado totalmente.

Aunque él había asumido muchas nuevas responsabilidades y la mayoría de sus subordinados sabían de la promoción, su compensación no reflejaba el cambio. Además, ahora Shane estaba desempeñando dos puestos ya que las tareas de su puesto anterior todavía no se habían asignado a otra persona.

La historia de *trabajar arduamente sin una compensación justa y luchar para salir adelante,* no sólo le pertenecía a mi esposo. El historial de ambas ramas de su familia estaba lleno de personas que trabajaron largas horas, se esforzaron por avanzar y no recibieron una compensación adecuada (y mucho menos abundante) por sus esfuerzos. Aunque Shane tal vez sentía que su experiencia era propia, era el resultado directo de un patrón que seguía dictándole su existencia cotidiana, como patrones similares que rigen la vida de muchas otras personas. Él temía que algo más, y no el trabajo arduo, que era algo natural y fácil para él, podría llevarlo al fracaso.

Estando sentados en la sala ese día, le hice esta pregunta: "Si cerraras los ojos y sacaras de tu cuerpo toda la energía que impide que avances y no te permite obtener lo que deseas, ¿qué aspecto tendría?".

Respondió: "Un muro de ladrillos".

Continué: "¿Cómo el muro de ladrillos te ayuda a obtener lo que deseas?".

"No me ayuda".

Seguí adelante: "¿Pero qué pasaría si una parte de ti cree que sí te ayuda? Hazle esta pregunta a esa parte de ti: '¿Por qué me gusta este muro de ladrillos?'".

Abrió los ojos; su mirada reflejaba iluminación y dijo: "Me ayuda a pensar desde una nueva perspectiva. Tengo que trabajar arduamente para tener éxito, así aprendo más y soy más eficaz para resolver problemas. Me ayuda a hacer un mejor trabajo que los demás".

Yo me pregunté: *¿En realidad lo hace? Y si le ayuda a hacer un mejor trabajo que otros, ¿por qué sigue en el mismo lugar? ¿Cómo podría un muro de ladrillos hacer que se sienta mejor consigo mismo?* Desde mi perspectiva, esto obviamente era ilusorio. El trabajo arduo y la inteligencia eran dones que él había heredado, pero yo sabía que seguramente había otra forma en la que él podía dirigir su carrera y evitar el sabotaje que era tan común en su familia.

Pude ver que era necesario derribar esta barricada. No obstante, a medida que Shane continuaba hablando, me di cuenta de que no iba a ceder, al menos no inmediatamente. De hecho, cuando sugerí que visualizara que ese muro se venía abajo, él no se mostró dispuesto a intentarlo. Por el contrario, manifestó que la barrera era algo positivo y admitió que no estaba listo para deshacerse de ella.

¡Vaya, ésa fue una gran revelación! El obstáculo que estaba entre mi esposo y sus metas profesionales era un muro que él no estaba dispuesto a derribar.

Cada familia tiene sistemas ocultos de creencias y tradiciones falsas que pasan de una generación a otra. Tal vez estemos conscientes de la historia física de nuestros ancestros; por ejemplo, tal vez sepamos si tenemos predisposición al cáncer o a los males cardiacos. Pero la mayoría no trabajamos para descubrir las predisposiciones de nuestra familia a obstáculos emocionales y espirituales, que a final de cuentas, podrían ser tan vitales para nuestro éxito, nuestra salud y nuestro bienestar como el conocer su historial médico.

Para Shane y otras personas como él, el éxito financiero, trabajar menos y divertirse más, y la confianza necesaria para alcanzar un sueño, no pueden llegar a ser una realidad hasta que una falsa tradición se identifique, se desafíe y se trascienda por completo; hasta que el muro de ladrillos se desplome finalmente.

La persona de influencia

Los patrones familiares enfermizos, como estar dispuesto a pasarse la vida trabajando arduamente sin recibir una compensación, pueden llegar a gobernar tu vida, dejando a su paso efectos poderosos y duraderos con los que tú y quienes te rodean finalmente deberán reconciliarse. Aristóteles dijo: "La mínima desviación de la verdad que existe al principio, más tarde se multiplica mil veces". Por eso las tendencias dañinas se magnifican a medida que las familias se expanden. A menos que estas tendencias se resuelvan o se sanen, seguirán creciendo, fortaleciéndose y extendiéndose... aunque el problema inicial fuera relativamente pequeño y se haya presentado hace mucho tiempo.

Desde un punto de vista más positivo y de mayor esperanza, sólo se necesita una persona para causar un efecto positivo en el todo, si decide hacer un cambio; una persona que esté armada con el deseo, el valor, la determinación y el corazón para buscar la verdad con el fin de alcanzar el éxito.

Un padre de familia tiene el mayor potencial para ser esa persona, ya que papá y mamá son los agentes de cambio más poderosos en las familias. Desde el momento de la concepción, los padres desempeñan el papel más importante en lo relacionado con establecer la forma en que nos sentimos acerca de la vida, acerca de nosotros mismos y acerca del mundo que nos rodea. Nos guían y dirigen la forma en que percibimos el entorno.

La Dra. Christiane Northrup, especialista en ginecología y obstetricia, y autora de *best sellers*, enfatiza el poder del papel de la madre en su libro *Sabiduría de Madres e Hijas [Mother-Daughter Wisdom]*. Enseña que incluso antes de nacer, nuestra madre nos nutrió y nos cuidó: "Nuestras células se dividieron y crecieron al ritmo de los latidos de su corazón". Northrup explica: "Nuestra piel, nuestro cabello, nuestro corazón, nuestros pulmones y nuestros huesos, se nutrieron con su sangre, y su sangre estaba llena de los neuroquímicos que se formaron en respuesta a sus pensamientos, sus creencias y sus emociones. Si ella tenía miedo, estaba ansiosa o profundamente triste por el hecho de estar embarazada, nuestro cuerpo lo sabía. Si ella se sentía segura, feliz y realizada, también pudimos percibirlo".[1] Nuestros cuerpos todavía conservan un recuerdo emocional de esta experiencia inicial. Toda la premisa del libro de la Dra. Northrup es que la relación entre madre e hija es fundamental, y prepara el escenario para su bienestar físico y emocional a lo largo de la vida.

Pero la capacidad, o falta de capacidad, de la madre para amar y nutrir no sólo afecta a las hijas. Lo cierto es que cuando el hijo o hija no experimenta una relación saludable de cuidado y cariño con su madre, siempre se incrementa la probabilidad de una disfunción (como formas de depresión, adicción y suicidio).

El papel del padre tiene una influencia de igual magnitud. Entre otras estadísticas sorprendentes relacionadas con los hogares donde no se cuenta con la presencia del padre, la Iniciativa Nacional de Paternidad [National Fatherhood Initiative] publica las siguientes:[2]

- Los niños sin padre tienen el doble de probabilidades de abandonar la escuela si se les compara con los niños que viven con su madre y su padre.
- Setenta por ciento de los niños que viven en hogares correccionales juveniles fueron educados por un padre o una madre sin pareja.
- Los niños que no cuentan con la influencia positiva del padre tienen calificaciones más bajas en lectura y matemáticas.
- Tres de cada cuatro suicidios de adolescentes ocurren en hogares en los que el padre o la madre no tiene pareja.
- El ochenta por ciento de los adolescentes que están en instituciones psiquiátricas no contaron con la presencia de un padre.

Como escribió Stephen Covey en el Prólogo: "Para sanar a nuestro mundo, debemos sanar a nuestras familias". A nivel mundial, el éxito de *un* matrimonio y de *una* familia, se vuelve importante para todos ya que estamos trabajando para mantener esta unidad esencial.

Cambiar como persona es arriesgado: podría crear un caos en tus relaciones personales, en cierta forma es un descontrol similar al que experimentas cuando la persona con quien estás bailando decide cambiar de dirección a la mitad de la pieza. Dependiendo del carácter de tu pareja, los pasos restantes pueden ser suaves o escabrosos. Cuando inicias un cambio en las pautas de conducta de tu familia, creas una nueva coreografía para los pasos del baile en los que tus parientes han confiado a lo largo de incontables generaciones. Al principio, tanto tú como ellos van a experimentar frustración. Pero a la larga, conforme aprendes los nuevos pasos y luego se los enseñas a otros, ellos tendrán la oportunidad de aprender, de crecer y de cambiar junto contigo.

La Dra. Northrup dice: "Cada mujer que se sana a sí misma ayuda a sanar a todas las mujeres que tiene enfrente y a todas las personas que la siguen",[3] y lo mismo puede decirse de los hombres. Cualesquier cambios que hagas en ti ofrecerán a otros la oportunidad de crecer. He visto madres y padres que, como individuos, han sanado familias enteras, sólo cambiando ellos mismos.

La búsqueda de la curación no tiene límites geográficos. En la actualidad, personas de todo el mundo trabajan horas extra para sanarse a sí mismas y a sus seres queridos, y para superar disfunciones en la conducta. Por eso el Dr. Phil McGraw ha recibido tantos reconocimientos y por eso sus libros de autoayuda son tan populares. Como la naturaleza de la humanidad es virtualmente la misma de una persona a otra, quienes desean tener más amor, más luz y más verdad se sienten obligados a buscarlas. En el proceso, estas personas pueden llegar a ser héroes no reconocidos a lo largo de generaciones enteras.

Examinarnos, analizar nuestras disfunciones, los problemas de nuestra familia, nuestros errores y los problemas que se originaron por nuestra causa, puede ser doloroso. Pero al final, ¡vale la pena hacerlo!, porque nuestro mundo empezará a formarse como una historia que deseamos vivir; nuestra alegría es suficientemente grande para compensar el dolor que debemos soportar con el fin de sanar.

Sally, una heroína no reconocida

Trabajé con Sally durante varios años y en el proceso cultivamos una amistad sincera. Ella creció en un entorno de desconexión emocional; aunque sus padres nunca pensaron en el divorcio, se insultaban discretamente y rara vez se mostraban amor o afecto. A nivel superficial, parecían una "buena" familia, estable y feliz, pero los padres transmitían mensajes destructivos a sus hijos, en forma constante y sutil, lo que representó un ataque solapado contra su autoestima. Los adultos presionaban a los niños para que presentaran una imagen favorable de modo que los adultos pudieran sentirse bien consigo mismos, pero toda esa familia carecía de amor por sí misma. Por consiguiente, las verdaderas emociones de Sally a lo largo de su infancia nunca recibieron reconocimiento ni validación.

Cuando estaba en la secundaria, Sally sentía que era una niña fea en la que nadie se fijaba, pero en la preparatoria empezó a ganarse la simpatía de muchachos mayores, proyectando una imagen sexy. Cuando los chicos le prestaban atención, sentía que era una persona valiosa.

A los 17 años, Sally quedó embarazada. A nivel consciente, sentía que si se casaba y se salía de la casa, se liberaría del entorno de su familia que había hecho que sintiera que ella no valía nada; y creía que al tener un hijo, sería capaz de conseguir el amor que necesitaba. Sally se casó con el padre de su bebé; y pocos años después, ella y Ed, su esposo, ya tenían seis hijos.

El matrimonio tuvo problemas desde el principio, y al final ella pidió el divorcio. Muchos años más tarde, después de un segundo y un tercer matrimonio, un romance con un hombre casado y varias relaciones sin sentido, Sally decidió que había llegado el momento de observar su interior a un nivel más profundo. Había pasado toda la vida sintiendo que algo le faltaba, y estaba harta de llevar una vida que estaba fuera de su control. Fue entonces cuando la conocí.

Después de trabajar juntas, nos dimos cuenta de que el comportamiento de Ed hacia ella y hacia otros era similar a la forma en que sus padres la habían tratado. De hecho, sus tres esposos habían tenido una actitud crítica y de indiferencia emocional, y no estaban dispuestos a aceptar responsabilidad por sus propios problemas. Todas éstas eran actitudes que Sally había experimentado en su infancia. Aunque Sally había culpado a estos hombres, empezó a entender que las creencias que respaldaban el patrón de divorcios y abusos, se habían originado en ella.

Cuando Sally habló conmigo, se dio cuenta de que aunque quería casarse, no confiaba en nadie lo suficiente para unirse a él honestamente en una relación. Tampoco creía que ella fuera digna de abrirse a una pareja que la amara. A nivel subconsciente, sentía que necesitaba hacer todo sola y que no era seguro confiar en nadie más.

Una introspección más profunda nos ayudó a entender el hecho de que cuando ella tenía siete años un tío había abusado de ella sexualmente. En ese momento, ella intentó hablar con su madre sobre lo sucedido, pero su madre estaba demasiado ocupada para prestarle atención, así que Sally decidió no hablar al respecto durante muchos años. Cuando finalmente habló de esto con su familia, su padre no quiso reconocer lo sucedido porque no quería causar una conmoción. Una vez más, era más importante quedar bien que dar a conocer públicamente un vergonzoso secreto familiar.

Cuando Sally fue víctima de este abuso, tomó varias decisiones importantes a nivel subconsciente. Llegó a la conclusión de que:

1. No podía contar con nadie, ni siquiera con Dios, para que la ayudara.
2. Algo estaba mal en ella; de lo contrario, ese abuso no habría ocurrido.
3. Ella no tenía control sobre su vida (lo que provocó que desarrollara una mentalidad de víctima).
4. Ella era incompetente y no merecía cosas buenas.

Estas ideas habían creado y perpetuado varios comportamientos negativos como su propensión a trastornos relacionados con el comer, la infidelidad, la necesidad de rebelarse contra la autoridad y el mal uso de la energía sexual. Sally almacenaba enojo y culpa porque se sentía traicionada, pero su peor traición era de ella misma.

Sally se odiaba y había distorsionado su imagen de sí misma. No sólo había heredado la baja valía de sus padres, sino también el deseo de reprimir miedos profundos relacionados con no merecer nada y ocultarlos con una apariencia externa aceptable. Ella no podía avanzar a menos que aprendiera a amarse a sí misma; no a la imagen que ella había creado, sino a su verdadero espíritu.

Cuando conocí a Sally, sus hijos ya habían crecido y se habían ido de la casa; los seis estaban sufriendo las consecuencias del pasado de su familia. Al parecer, la energía de los problemas de mi amiga se habían amplificado en la siguiente generación. Las vidas de sus hijos eran historias de divorcios recurrentes, de uso de drogas y alcohol, de pobreza, infidelidad, intentos de suicidio y baja autoestima.

Después de años de concentrarse diligentemente en sí misma, sanando su propio dolor, tanto en lo relacionado con su familia como con su propia vida, Sally empezó a reescribir la historia de su vida. Conoció a un hombre que en realidad la ama y que es bondadoso, gentil, leal y respetuoso. En la actualidad, está felizmente casada. Además, ya inició su propio negocio, se dedica a servicios comunitarios, volvió a acercarse a su religión y logró una mayor comprensión de su valía individual.

A medida que Sally cambiaba, observé que las vidas de sus hijos también cambiaron, aunque ella se concentró ante todo en sí misma. Pero su influencia guió a sus hijos adultos hacia una ruta de sanación personal. Ellos ya eran adultos cuando Sally inició su camino, y ya habían desarrollado sus propias filosofías de la vida, de modo que algunos de ellos estaban mejor preparados y más dispuestos a cambiar que otros. No obstante, hasta los que no estaban muy abiertos recibieron la influencia de los cambios realizados por su madre. El ejemplo que damos cuando avanzamos siempre ayuda en forma indirecta a quienes se resisten, simplemente debido al poder de la enseñanza que estamos dando.

Sally es una heroína no reconocida. Se requirió mucha valentía para enfrentar su conducta disfuncional después de no haber estado en contacto consigo misma durante tantos años y después de que ella había culpado a otros por sus problemas. Para sanar lo que le correspondía en la creación de lo que ella llamaba una "vida de pesadilla", se requirió determinación. Al paso del tiempo, su transformación llegará a tener un efecto duradero en el bienestar de toda su familia.

Una palabra sobre la genética y las emociones

Antes de que des los mismos pasos que dio Sally y antes de que empieces el proceso de sanación, podría ser de ayuda para ti comprender un poco el papel que tienen la genética y las emociones en tu vida. Hasta hace poco, la mayoría de los psicólogos creían que cada bebé nacía sin una predisposición a ciertas conductas, procesos de pensamiento o creencias. Se consideraba que el entorno en que se educaba a un niño era lo único responsable de su desarrollo, y se pensaba que todas las personas estaban dotadas del mismo potencial.

Hoy en día, conforme la ciencia avanza y nuestra comprensión de la mente y el cuerpo se expande, estamos aprendiendo que los genes tienen también un papel importante en el plano de nuestra mente. Los grandes científicos de hoy, que están investigando con el fin de resolver los misterios de la mente humana, se han planteado algunas preguntas:

- ¿Los patrones del pensamiento se transmiten genéticamente?
- ¿Contiene el cuerpo un recuerdo celular de fracciones de las memorias emocionales de nuestros ancestros?
- De ser así, ¿influye ese recuerdo en nuestros pensamientos, en nuestros patrones de conducta y en elecciones subsecuentes?

Todos sabemos que nuestras características físicas y nuestra salud se programan genéticamente; esto es un hecho. Por tanto, tiene sentido el que nuestro historial genético pueda causar un impacto en el desarrollo de nuestros pensamientos, comportamientos y elecciones.

Steven Pinker, finalista del Premio Pullitzer y prominente profesor de psicología en la Universidad de Harvard, enseña que los seres humanos han heredado genéticamente gran parte de su naturaleza única. Es autor de varias obras altamente reconocidas, entre ellas *La pizarra en blanco [The Blank Slate],*[4] donde señala que un gran número de intelectuales han negado la existencia de la naturaleza humana; y sus investigaciones ciertamente disipan cualquier idea relacionada con que al nacer heredemos una mente vacía. Aunque muchos científicos siguen aceptando aspectos de otras teorías, en la actualidad la mayoría concuerda con Pinker en lo relacionado con la idea de que "la pizarra en blanco" era un mito.

Las investigaciones de la Dra. Candace B. Pert, que fue profesora en la Facultad de Medicina de la Universidad de Georgetown y escribió el libro *Moléculas de emoción*,[5] sugieren que las cadenas cortas de aminoácidos, conocidas como péptidos y receptores, y que son moléculas diminutas, son "la correlación fisiológica de la emoción". La obra de Pert ilustra en forma novedosa la naturaleza física de los sentimientos y los efectos poderosos que tienen en el cuerpo. En base a sus investigaciones y a otros estudios relevantes, podemos considerar la posibilidad de que nuestras emociones pasan de generación en generación a nivel físico.

Los estudios realizados en gemelos que son separados al nacer, validan la idea de que nuestros patrones de pensamiento no sólo se aprenden, sino que se transmiten genéticamente. En varios casos, estas personas, que fueron educadas en entornos totalmente distintos, han crecido con un carácter emocional idéntico. La Dra. Nancy L. Segal, que ha investigado casos de gemelos, describe sus convincentes estudios en su libro, *Vidas enlazadas: los gemelos y lo que nos dicen sobre el comportamiento humano [Entwined Lives: Twins and What They Tell Us about Human Behavior]*.[6] En uno de los numerosos ejemplos que ella usa para apoyar sus investigaciones, habla de unos gemelos idénticos que fueron separados al nacer y que volvieron a reunirse a los 39 años de edad. Además de tener el mismo tipo de trabajo, de coche, de pasatiempos y de historiales de salud, cada uno de ellos descubrió a su hermano como un buen amigo que había perdido hacía mucho tiempo. Sus patrones de pensamiento los llevaron a crear experiencias tan similares que resulta ser algo muy peculiar y es difícil explicarlo basándose sólo en la casualidad.

Aunque la ciencia aún no ha comprobado teorías como las que acabo de presentar, nadie puede disputar el hecho de que nuestros ancestros nos transmiten sus creencias a través de lecciones significativas y accidentales. Por ejemplo, cuando yo tenía 40 años, mi esposo y yo decidimos llevar a nuestros hijos en un crucero por el Caribe, e invitamos a mi abuela para que nos acompañara. Hasta entonces, yo había pasado muy poco tiempo con ella. Durante mi infancia, ella vivía muy lejos, y debido a la distancia y al dinero, sólo nos veíamos por un par de días después de periodos de varios años. Pensé que sería maravilloso pasar una semana con ella y llegar a conocerla mejor.

Cuando hice los planes para el viaje, tuve muchas oportunidades de hablar con ella por teléfono; hablé más con ella en ese periodo que en los últimos diez años. Conforme definíamos los detalles del viaje, me sorprendió lo mucho que nos parecíamos. Nuestros procesos de pensamiento eran casi idénticos, lo mismo que nuestro interés en los detalles del viaje. En mi oficina, donde me senté a hacer los planes para este viaje, había un cuadro que mi abuela había pintado hacía muchos años; mi padre me lo había regalado. Cada vez que ella y yo hablábamos, después de colgar el teléfono, miraba el cuadro y pensaba en ella. Yo no crecí bajo su influencia, pero fue obvio para ambas que yo soy su nieta. Tomando en cuenta cuánto nos parecíamos, podría pensarse que ella había sido parte de mi vida cotidiana.

Si alguna vez te has preguntado por qué no sólo te pareces a tu abuela o a tu abuelo, sino que actúas como ellos, ahora lo sabes: tú eres parte de ellos y ellos son parte de ti. Estamos atados por nuestro legado en forma muy poderosa, y si queremos cambiar nuestro comportamiento o nuestras creencias individuales, o si queremos sanarnos, el conocer nuestra historia llega a ser tal vez la información más importante que necesitamos. Para seguir adelante, debemos saber lo que nuestros antepasados nos transmitieron y lo que se comunicaron entre sí, tanto en forma consciente como inconsciente, a lo largo de los años.

Todo tiene que ver con las emociones

También necesitamos estar dispuestos a confrontar las emociones que pudieran existir como resultado de todo lo que se nos ha transmitido. En nuestra sociedad los sentimientos se han pasado por alto en gran medida y la mayoría de nosotros hemos aprendido a bloquear o a sofocar nuestros sentimientos por diversas razones. Para muchas personas, es más fácil ocultar una sensación abrumadora que enfrentarse a ella directamente. Otras sienten que las emociones hacen que se sientan vulnerables o débiles. Al tratar de protegerse, es natural que eviten todo aquello que haga que se sientan inseguras o indefensas. (Debo señalar que el hecho de que creamos que nuestras emociones nos hacen vulnerables no significa que en verdad lo hagan.) Además, las respuestas negativas, como el miedo, pueden ser engañosas.

Otra razón por la cual reprimimos nuestras emociones es simplemente que ésa es la única manera que conocemos para manejarlas. La mayoría de las personas no se da cuenta de que no existen riesgos en identificar y aceptar sus preocupaciones; tememos a nuestros temores. Como resultado, no somos capaces de comunicar realmente lo que pasa en nuestro interior. En lugar de aceptar y comprender nuestros sentimientos negativos, a menudo los ocultamos y esperamos que se desvanezcan.

Pero las emociones tienen enseñanzas para las personas que están dispuestas a prestarles atención. Al procesarlas, aprendemos a tener empatía, a amarnos a nosotros mismos y a amar a los demás. De hecho, comprender este aspecto de nuestro ser es de suma importancia para sanar nuestro historial familiar, ya que contiene la energía más poderosa que utilizamos para crear nuestra vida.

Si te casaste o te enamoraste, ya lo sabes. Después de todo, ¿te casaste o te enamoraste de tu pareja porque hiciste una lista de requisitos y esta persona era capaz de satisfacer tus necesidades lógicas? Claro que no. Tal vez la decisión más importante que has tomado en la vida (es decir, tu matrimonio y la creación de tu familia) se basó en tus sentimientos.

Toda la vida es así. Tal vez intentes, una y otra vez, alcanzar una meta, pero si sólo lo haces desde un punto de vista intelectual, rara vez lo logras. Sin embargo, si te apasionas por tu meta, tu éxito está prácticamente asegurado.

En vista de que los sentimientos tienen un efecto poderoso en el resultado de tu vida, llegar a conocer mejor la totalidad de las características emocionales de tu familia es de vital importancia para sanar tu historia. En lugar de intentar reprimir u ocultar toda reacción intensa, descubrirás que es mucho más eficaz aprovechar esta energía y usarla para lograr tus metas. A veces los mayores dones pueden encontrarse en los rincones más profundos y oscuros de la mente.

Tu espíritu

A medida que te esfuerzas por comprender tus emociones, lo que incluye las de los miembros de tu familia que fueron tus antecesores, y armas el rompecabezas de tu pasado cuyas piezas han hecho de ti lo que eres actualmente, empezará tu sanación. Y cuando ésta empieza, es probable que tengas una mayor motivación para cambiar si tus ambiciones incluyen la dirección que te señala tu voz interna, tu intuición. A menudo se le llama espíritu, y siempre está ahí cuando necesitas respuestas.

Independientemente de la situación, todo el mundo parece saber en forma instintiva lo que más le conviene. No importa si ya ha pasado mucho tiempo desde la última vez que escuchaste esa voz; todavía tienes el poder de conectarte contigo mismo(a) a ese nivel espiritual o intuitivo. No importa si fuiste a la iglesia el domingo pasado, o si hace años que no vas, tu espíritu interior sigue presente y puedes contactarlo en cualquier momento. Sólo necesitas tomar la decisión de reconocer su presencia, conectarte y escuchar.

Lo que escuches puede ayudarte a ver lo que vales a nivel individual y lo que valen tus contribuciones al mundo. Cada persona es tan importante que quizás, sólo quizás, cuando tú te la juegues para reclamar tus derechos como persona y para reclamar tu pasado, (sin mencionar tu futuro) otros se motiven a hacer lo mismo. En esta forma, puedes marcar una diferencia significativa y duradera en el mundo.

Cómo usar este libro

La misión de este libro es ayudarte a sacar a la luz las tradiciones disfuncionales que podrían estar impidiendo que veas con claridad tu propia identidad y no te permitan lograr lo que más deseas en la vida. El leer, absorber y aplicar estos datos, te ayudará a transformarte; y cuando lo hagas, habrá cambios en tu familia y en tus relaciones. En los capítulos siguientes, realizarás un viaje cuyo objetivo es llegar a ser la persona que deseas ser. Estos son los cinco pasos del proceso:

1. **Saber que necesitas cambiar.** Tal vez a menudo vivas de un día para otro sin comprender en realidad los procesos de pensamiento que subyacen tus acciones y gobiernan tu vida. Dar el primer paso te ayudará a identificar las creencias y tradiciones familiares que podrían estar ejerciendo influencia en los comportamientos negativos que tienes actualmente.
2. **Superar juicios.** El segundo paso te ayudará a identificar y superar los juicios severos que haces

acerca de tu persona y acerca de otros. También podrás entender cómo estos pensamientos críticos sólo perpetúan un ciclo de comportamiento negativo.

3. **Cómo ir más allá del Hechizo del Tiempo.** Este paso te mostrará la forma de evitar quedarte atorado (como el personaje de Bill Murray en la película *El hechizo del tiempo*) cuando estés tratando de superar el comportamiento negativo. A medida que llevas a cabo el proceso, aprenderás a avanzar hacia un nuevo día y liberarte de los errores del pasado.

4. **Encontrar el tesoro.** La cuarta parte del proceso te ayudará a encontrar la belleza que ya existe en tu interior. Descubrirás cómo hacerlo, teniendo una disposición favorable a aprender de la oposición, a transformar tus debilidades en fortalezas, a liberarte de tendencias de codependencia, a perdonar a otros, y a ver a las personas como las ve Dios.

5. **Cómo hacer una conexión espiritual.** En la porción final del trayecto, aprenderás a hacer una conexión espiritual. El forjar un lazo con tu espíritu (la parte de ti que conoce el valor que tienes ante Dios) fomentará la felicidad a medida que continúas sanándote y sanando a tu familia.

Este libro está diseñado como un proceso interactivo. Cada capítulo proporciona información que te ayudará a tener una mayor comprensión de ti mismo(a), de tus bloqueos emocionales y de cualesquier procesos de pensamiento disfuncional que pudieran existir en tu interior. Al final de cada capítulo hay una sección llamada "El Proceso", que contiene preguntas que debes responder. Para lograr resultados poderosos al leer este libro, es importante que dediques tiempo a responder cada pregunta antes de seguir adelante. Al abordar estos ejercicios en forma honesta, experimentarás resultados emocionantes.

Te prometo que tu vida va a cambiar.

Capítulo Uno

Paso 1: Estar consciente es más de la mitad de la batalla

1

Hace varios años, en una noche cálida, mi madre llegó a hacerme una breve visita. Llegó a mi puerta en la víspera de un compromiso que yo tenía: había organizado un *baby shower* para una amiga precisamente al día siguiente. En ese entonces tenía yo cuatro hijos de menos de seis años; tres de ellos sólo se llevaban un año. Era común que estuviera cansada y ligeramente irritable mientras andaba por toda la casa que estaba llena de ropa sucia, con juguetes tirados por todas partes, y pequeñas huellas digitales prácticamente en todas las paredes. Mi madre entró, miró alrededor y preguntó: "¿Cómo es posible que vayas a tener un *shower* aquí mañana?".

¡Buena pregunta! Como estaba yo acostumbrada a dormir poco después de haber amamantado a mis bebés año tras año, le expliqué que probablemente estuviera limpiando y cocinando casi toda la noche. Mi mamá se sintió cansada con sólo pensarlo, y declaró que tenía otras obligaciones y que no podía quedarse a ayudarme. Minutos después ya había desaparecido, pero yo no podía sacarme de la cabeza el comentario que hizo al salir: "No olvides limpiar las huellas digitales de la mesita del café".

¡No podía creerlo! ¿Cómo pudo notar esas manchitas? La alfombra estaba sucia, había polvo y juguetes por todas partes, los niños estaban llorando, y el teléfono no dejaba de sonar. Su comentario me puso de mal humor. A lo largo de la noche pensé en lo que ella había dicho, en por qué lo había dicho y en la forma en que sus palabras me hicieron sentir. *¿Cuál era el mensaje detrás de esa breve frase? ¿Por qué despertó en mí tantas emociones?*

Si compartes conmigo la tradición familiar de mantener la casa impecable, tal vez compartas algunas de mis experiencias de la infancia. Siempre que mi abuela Frances venía a visitarnos, y mientras ella estaba en la casa (o prácticamente en cualquier parte) subía las escaleras agachándose para recoger pelusa a su paso. Si yo me servía un vaso de agua y me alejaba de él más de un minuto, cuando volvía, mi vaso ya estaba en la lavadora de platos. Si usaba el lavabo del baño, aunque sólo fuera para lavarme las manos, ella lo lavaba con un jabón especial o me pedía que yo lo lavara. Sabiendo esto, no debía sorprenderme que mi madre pudiera detectar las huellas digitales en la mesa para el café, a pesar del desorden que reinaba en toda la casa.

Tener la casa limpia y cocinar bien eran de vital importancia para mi madre, para mi abuela Frances y para mi bisabuela Catherine. De ellas aprendí que una *buena* esposa mantenía su casa limpia y preparaba platillos sabrosos. Por lo tanto, era fácil suponer que las que no lo hacían eran *malas* esposas.

¿El desorden de mi sala indicaba que yo era una mala persona, que era menos buena que otras o que no era suficientemente buena? Obviamente, la respuesta es no. Pero en ese momento, sentí que era terrible como madre, como esposa y como ama de casa. En esa cálida noche de verano, una tradición familiar: una casa impecable, me limitó. Tal vez mi madre tenía buenas intenciones, pero sus palabras me hicieron sentir indigna, como si no estuviera yo cumpliendo con un requisito que nunca se había puesto por escrito.

Creencias familiares costosas

Todas las familias heredan tradiciones. Algunas fomentan el éxito, favorecen el amor y ayudan a sanar a quienes eligen seguirlas, pero algunas costumbres no tienen nada bueno. (Estas practicas sombrías, ofensivas y odiosas deben eliminarse para que las familias, e incluso la sociedad, puedan experimentar alegría, paz y amor a largo plazo.) Otras prácticas tienen aspectos buenos y malos. En mi experiencia personal, mis familiares me transmitieron prácticas buenas y malas.

Entonces, ¿existe una forma de eliminar lo negativo y conservar lo positivo? Claro que sí. De hecho, el propósito de este libro es enseñar a sus lectores a hacerlo, y el identificar el comportamiento que se te ha heredado es la meta de este capítulo. Al irlo leyendo, ten a la mano un bolígrafo y un cuaderno para que puedas anotar las ideas que se te ocurran conforme vayas encontrando diferentes posibilidades y sus efectos. Esto te preparará para responder a las preguntas que se te harán después.

¿Por qué identificar las tradiciones?

¿Por qué debes dedicar tiempo a identificar las creencias o tradiciones de tu familia? Hay dos razones para hacerlo:

1. Te ayudará a entenderte mejor, a entender mejor a otros y te ayudará a amarte y amar a los demás.
2. Te ayudará a concentrar tu energía en el logro de tus metas.

Las tradiciones familiares que obstaculizan tu capacidad de amar, de comprender y de tener éxito son falsas; limitan tu capacidad para crecer. Trascender los aspectos restrictivos de lo que has heredado incrementará tu capacidad para alcanzar tu potencial. Es un hecho que todas las creencias familiares que nos limitan afectan nuestra autoestima. Este dato es vital, pues la baja autoestima es la causa de una gran variedad de disfunciones de la conducta (como el abuso de drogas, el alcoholismo, el abuso físico y sexual, y otras adicciones). Es crucial descubrir las enseñanzas que podrían destruir tu percepción de tu valía personal. Recuerda que cualquier dato, enseñanza, tradición, valor o proyección que te lleve a sentir desagrado u odio hacia ti mismo(a) es una falsa ilusión.

La mayoría de los sistemas limitantes no se comunican a nivel consciente. Por ejemplo, yo no recuerdo que mi abuela me haya dicho: "Becky, más te vale mantener la casa limpia y aprender a cocinar tan bien como yo, pues de lo contrario serás una mala persona y serás un fracaso como esposa y madre". No, ella nunca lo dijo. De hecho, si aún viviera y leyera este libro, podría no estar de acuerdo en que alguna vez me haya transmitido ese mensaje. Después de todo, ella me quería y habría hecho casi cualquier cosa para asegurar mi felicidad. Era una abuela maravillosa que se preocupaba por mí.

Las personas que aman y honran a sus ancestros a veces luchan para ver su historia objetivamente. Los hijos y nietos respetuosos podrían tener miedo de que al hacerlo, pudieran descubrir algo negativo que podría degradar su buen nombre. Pero descubrir pautas de conducta limitantes no significa que estás abriendo un pozo de gusanos o que estás buscando algo que criticar; muestra que estás dispuesto(a) a enfrentar un proceso que posiblemente sea negativo y mejorarlo.

Desprenderse de las tradiciones falsas de nuestros ancestros es un consejo que ha pasado de generación en generación a lo largo de miles de años. En el libro de Ezequiel, del Antiguo Testamento, leemos: "No sigan las huellas de sus padres, ni imiten su conducta". En Jeremías 16:19 leemos: "Ciertamente mentiras heredaron nuestros padres, una vanidad sin provecho alguno". Desprendernos de lo que ya no nos sirve es un proceso que vale la pena emprender.

Escucha y aprende

En vista de que muchas de las tradiciones que nos impiden avanzar se nos transmiten en silencio y en forma indirecta (usualmente con base en suposiciones no expresadas) puede ser más difícil definirlas que definir los mensajes que se comunican directamente. Por esta razón, encontrar pautas familiares podría representar un reto, en especial si estás inmerso(a) en ellas en el momento en que deseas definirlas. Pero con entrenamiento, puedes llegar a hacerlo como un experto. Las tres acciones clave para hacerlo son:

1. Estar dispuesto(a) a descubrir la verdad.
2. Tener intenciones honestas.
3. Tener la capacidad de escuchar en forma receptiva.

Para abrir los ojos, debes escuchar a tus propios pensamientos, meditar en silencio las pláticas familiares y prestar mucha atención a tus propias conversaciones con los miembros de tu familia. Intenta ver cuáles comportamientos se valoran o se juzgan, y observa las prioridades. Por ejemplo, si tu familia valora la educación, podrías darte cuenta de que tu valía se relaciona con tu nivel de escolaridad. Si la riqueza es importante, podrías ver que tu autoestima depende de tus ingresos.

Yo observé esto hace muchos años cuando recibí una invitación a cenar con la familia Smith. Yo estaba consciente de que los Smith tenían una pauta de conducta relacionada con luchar en el aspecto financiero, y sabía que algunos de ellos deseaban ganar más dinero. Después de la cena, por casualidad escuché una conversación interesante. Varias de las mujeres estaban hablando de los médicos que ellas conocían y de lo injusto que era que estos profesionales ganaran tanto dinero. Mary Smith comentó que cierto médico que ella conocía sólo trabajaba tres días a la semana y era muy rico. Insistió que en su opinión eso era injusto y significaba que este médico era un "mal" hombre por el hecho de haber alcanzado el éxito financiero sin tener un intenso horario de trabajo; o eso era lo que ella suponía.

Escuchar esta conversación me ayudó a entender una importante creencia muy limitante de la familia Smith. El mensaje subconsciente que estaban transmitiendo era más o menos este: "Tienes que trabajar arduamente para tener dinero, eres una mejor persona si luchas para salir a flote. La gente que tiene mucho dinero es mala".

¿Existe una razón por la cual los miembros de esta familia tuvieran problemas para lograr el éxito financiero? Como clan, valoraban el trabajo arduo, pero no la independencia financiera. Además, no consideraban que la diversión, las vacaciones o las actividades recreativas fueran una prioridad. Por consiguiente, todos trabajaban mucho, se divertían poco y luchaban para salir a flote.

Esta tradición es un ejemplo de algo que impide que sientas amor por ti mismo(a) o por otros. Y éste es el tipo de tradiciones que deberías concentrarte en descubrir. Mira, los Smith luchaban para cultivar amistades con personas que tenían ingresos mayores a los suyos y sentirse cómodos cerca de ellas, y sus creencias en lo relacionado con el dinero hacían que fueran críticos hacia otras personas. Es muy probable que la forma en que juzgaban al médico adinerado no tuviera fundamento. Los médicos y otros profesionistas que tienen ingresos altos a menudo trabajan arduamente y pagan un precio muy alto para crear el éxito que tienen en su profesión.

Otras costumbres que vale la pena examinar son las que te impiden conseguir lo que deseas en la vida. Muchos miembros de la familia Smith deseaban crear una libertad financiera y tener más tiempo para divertirse. Pero de acuerdo con sus reglas, este tipo de oportunidad sería una violación de esta ley no expresada: "No ganes mucho dinero, porque si lo haces eres malo. Toda la familia se sentiría muy incómoda si uno de sus miembros viviera como viven muchos médicos".

Cuando tu familia te envía mensajes que obstaculizan tu camino hacia tus metas, podrías vivir un conflicto: parte de ti desea una cosa y parte de ti desea otra. En vista de que tu familia te proporciona un poderoso sentimiento de estabilidad y mucho del cariño que sientes que necesitas para sobrevivir, desobedecer los mandamientos no expresados podría parecer aterrador. Por esta razón, muchas personas se sienten atoradas. Es probable que desees y necesites aceptación por parte de tu grupo, aunque sus tradiciones te estén arruinando la vida.

Cuando las creencias familiares te obliguen a juzgar que cierta persona o cosa es mala, se presenta otro conflicto: Tus conclusiones y tu realidad no concuerdan. La familia Smith juzgaba con dureza a los médicos, así que habría sido difícil que alguno de ellos adoptara el estilo de vida de los médicos, aunque tuviera los medios para hacerlo y aunque hubiera sido más feliz viviendo así. Esto es paralelo a la forma en que yo me culpaba cuando mi casa no estaba a la altura de los estándares de mi familia. Antes de sanar esa forma de juzgarme a mí misma, me era muy difícil permitir que mi casa estuviera sucia sin sufrir consecuencias emocionales. Y como bien lo sabe cualquier madre de familia, limpiar una casa donde hay niños es como tratar de retirar nieve con una pala en medio de una fuerte nevada. Yo hubiera sido un desastre emocional si no hubiera manejado esta creencia básica errónea, y mi ansiedad les habría causado mucho estrés a mis hijos.

Cómo descubrir las pautas de pensamiento de tu familia

Muchos códigos silenciosos se transmiten en forma subconsciente en la sociedad. A continuación se presentan algunos conceptos erróneos que son comunes y que yo he encontrado al ayudar a mis clientes (y a mí misma) a eliminar ciclos familiares destructivos. Aunque esta lista se divide en secciones, la mayoría de estos conceptos no se limitan a una sola categoría y a la larga podrían afectar muchos aspectos de la vida de una persona. Mira si alguno de ellos coincide con las experiencias de su familia, y de ser así, anótalo.

Creencias familiares que afectan las finanzas

- Debo tener mucho dinero para que se considere que tengo éxito.
- Debo trabajar arduamente para tener dinero, pues si no lo hago no merezco tenerlo.
- Soy una mejor persona si trabajo arduamente y luego tengo que arreglármelas sin tener lo suficiente.
- Si tengo demasiado dinero, me llenaré de orgullo y Dios me castigará y me lo quitará todo.

- Es mejor arreglárselas sin tener lo suficiente, porque tener demasiado significa que uno despilfarra y es codicioso.
- Soy mejor si soy pobre que si soy rico. Los ricos son malos.
- Soy mejor si soy rico que si soy pobre. Los pobres son malos.
- Dios me amará más si lucho, si renuncio a todo lo que tengo y se lo doy a otros sin conservar nada para mí.
- Debo dar a otros todo lo que tengo y no guardar nada para mí.
- Debo aferrarme a todo mi dinero pues si no lo hago lo perderé.
- No hay suficiente en este universo. Debo luchar para obtener mi porción.
- Debo conservar y ahorrar porque no hay suficiente para todos.
- Si tengo suficiente, otros tendrán carencias.
- No merezco tener lo que deseo.

Creencias familiares que afectan la salud y el bienestar físico

- Las personas que están enfermas son débiles o son malas.

- Las personas que están enfermas son buenas. (Es mejor tener el peor caso de una enfermedad que estar tan enfermo que uno necesite atención en un hospital.)
- Debo ser atlético(a) para que mi familia y el mundo consideren que valgo algo.
- Debo ser delgado(a) para ser aceptable.
- Debo tener una constitución corpulenta para ser aceptable; la gente delgada es mala.
- Debo tener un aspecto juvenil para valer algo.
- Estoy mejor si tengo mayor edad y soy más sabio; es bueno parecer tener más edad.
- Es malo ser bien parecido (o ser bonita). Las personas atractivas no son tan inteligentes, ni tan capaces como yo. O, a las mujeres hermosas (o a los hombres apuestos) les pasan las peores cosas.
- Si no soy bien parecido (o si no soy bonita) no soy suficientemente bueno(a).

Creencias familiares que afectan la preparación académica (o la carrera profesional)

- Debo estudiar en una institución educativa de prestigio y debo tener un título universitario para valer algo.
- Mi nivel educativo o mi calidad profesional es importante e indica que soy mejor que otros.

- Soy mejor cuando tengo personas a mi cargo.
- Soy mejor cuando no tengo personas a mi cargo.
- Los líderes tienen intereses políticos y son malos.
- No puedo confiar en el apoyo de otros.
- Siempre se aprovecharán de mí en el mundo.
- Es bueno no tener éxito. Es malo avanzar en la vida.

Creencias familiares que afectan la espiritualidad

- Dios me amará más si lucho, si renuncio a todo, lo entrego a otros y no guardo nada para mí.
- Los que no van a la iglesia son malos (o los que no asisten a la iglesia que *yo* asisto son malos).
- Dios no me amará si cometo un error. De hecho, me castigará.
- Las personas que creen en Dios y van a la iglesia no son tan conscientes (o tan inteligentes) como yo.
- Dios no existe.
- Debo temer a Dios, de lo contrario él me castigará.
- Dios ama más a la gente ________ que a la gente ________.
- Yo no soy importante para Dios.

- Soy más importante para Dios que otros.
- Si voy a la iglesia, seré suficientemente bueno(a).
- Es bueno ser desdichado(a).

Creencias familiares que afectan las relaciones

- Es mejor que haga yo las cosas sin ayuda de nadie, porque si otros me ayudan, eso indica que soy débil y que no soy capaz.
- Las mujeres son menos valiosas que los hombres, o los hombres son menos valiosos que las mujeres.
- Los hombres son mejores que las mujeres, o las mujeres son mejores que los hombres.
- No se puede confiar en los hombres, o no se puede confiar en las mujeres.
- Las personas de cierta raza son superiores.
- Debo llegar a tiempo a los eventos; si no lo hago no soy lo bastante bueno(a).
- Las necesidades de otros son más importantes que mis necesidades.
- Las relaciones lastiman, así que es mejor estar solo(a).
- El matrimonio es malo.
- El amor es doloroso (esto es común en las familias que tienen historiales de abuso).

Mira hacia las estrellas

Un don vital que nos damos a nosotros mismos es la habilidad de entender y aceptar el poder que tenemos para crear nuestras propias experiencias. Llegar a estar conscientes de los numerosos mensajes que influyen en nuestra conducta permite que cada uno de nosotros tenga la libertad de superar los retos que enfrentamos hoy en día y seguir adelante. Por ejemplo, los miembros de la familia Smith tendrían la habilidad de crear una nueva realidad financiera si estuvieran dispuestos a reconocer sus pautas de pensamiento y cambiarlas. Cuando estén dispuestos a ver la verdad y a alterar sus creencias, podrán crear nuevas oportunidades para sí mismos y para sus descendientes. Hasta entonces, tal vez sientan que son víctimas en un mundo que no pueden controlar y en el que se esfuerzan por ganar dinero, cuando apenas pueden seguir adelante.

Todos nosotros somos como los Smith en una u otra forma. Tenemos suposiciones familiares o sociales que nos impiden realizar todo nuestro potencial. Por lo tanto, tenemos una razón para penetrar más en nuestro pensamiento consciente, buscando conceptos erróneos que podrían estar impidiendo el avance de nuestra familia o el nuestro.

Cobrar conciencia es el proceso de enfocar los pensamientos, motivos e intenciones subyacentes que rigen nuestra conducta. El Dr. Harville Hendrix, psicólogo y autor de *Cómo conseguir el amor que deseas [Getting the Love You Want],*[1] comparte la siguiente analogía, que podría ayudarnos a entender nuestra capacidad consciente: Decimos que las estrellas aparecen en la noche porque no podemos verlas durante el día. Pero la verdad es que todo el tiempo están ahí. De la misma manera, subestimamos el número de cuerpos celestes que existen cuando los vemos. Miramos el firmamento y vemos unos cuantos cuerpos celestes, pero creemos que son todos los que hay.

Cuando nos alejamos de las luces de la ciudad, vemos el firmamento lleno de estrellas, y nos emociona el espectáculo. Sin embargo, cuando estudiamos astronomía aprendemos la verdad: que lo que vemos en una noche clara y sin luna, estando fuera de la ciudad, es sólo una fracción del total de las estrellas que hay en todo el universo, y que muchos de los puntos de luz que vemos son en realidad galaxias.

Nuestra mente consciente es muy similar. La mayoría de las personas están entrenadas a ver el subconsciente de forma parecida a como observamos el universo desde el porche que está frente a nuestra casa; sólo reconocemos unas cuantas estrellas en un firmamento que está lleno de cuerpos celestes. Pero en realidad, los pensamientos metódicos y racionales que pasan por nuestra cabeza sólo son un recubrimiento sutil sobre la mente inconsciente, que está activa, está en funcionamiento y siempre nos guía. A medida que trabajamos para crear algo nuevo, debemos entender que nuestra capacidad consciente es mucho más grande, de la misma forma en que en nuestro universo hay mucho más de lo que nuestros ojos pueden ver. Los patrones familiares son responsables de la mayor parte de nuestra capacidad consciente. Por lo tanto, entender estas poderosas porciones de información que se encuentran en lo profundo de nuestro ser, es el primer paso para crear algo nuevo.

Las estrellas de Laurine

Hace años, trabajé con una mujer que se llamaba Laurine. Nació en la década de 1930, cuando pocas personas reconocían la existencia de la mente subconsciente. Aunque era una mujer que había progresado en el aspecto espiritual, que era muy intuitiva y que estaba muy consciente de los pensamientos y sentimientos de otras personas (al igual que de los suyos), bloqueaba gran parte de su actividad subconsciente, impidiendo que estuviera al alcance de su mente consciente, como lo hacen muchas personas.

En una sesión, Laurine reveló algunas creencias poderosas que estaban en lo profundo de su interior. El código de su familia incluía pensamientos como estos: *Sólo eres aceptable si haces todo a la perfección* (perfeccionismo); *debes ser culta y tener mucho dinero para ser aceptable; otros deben respetarte (y eso sucederá cuando seas culta, rica, atractiva y/o perfecta; es muy importante que otros piensen en ti y debes causar una buena impresión en el mundo).* Además, tenían una creencia conflictiva, según la cual uno no debe verse demasiado bien, porque eso no es aceptable para la gente.

En forma intuitiva, Laurine estaba consciente de estas reglas no expresadas, y el examinarse más a fondo le ayudó a darse cuenta de que habían hecho imposible que ella se amara a sí misma. Hicieron que creyera que nunca podría ser aceptable para su familia ni para sí misma. Si no podía sentirse digna, ¿cómo podía amarse y aceptarse?

Y si no podía hacer eso, ¿cómo podía amar a otros? Por consiguiente, se había vuelto crítica y sus relaciones reflejaban esa negatividad.

Laurine había aceptado las leyes de su familia en forma inconsciente durante gran parte de su vida, aunque la habían obligado (al igual que a otros miembros de su familia) a entrar en una pauta de conducta de deshonestidad. Después de todo, ¿cómo podría ser franca en lo relacionado con sus errores si siempre tenía que ser perfecta? En lugar de verse como era (y de ver a los demás como eran), ella había optado por fingir que ella y su mundo eran perfectos. Hasta que iniciamos las sesiones, ella había evitado examinarse con el fin de evadir la verdad.

De hecho, si le hubieras preguntado sobre su vida antes de nuestras sesiones, ella habría recordado un pasado sin mancha. No obstante, Laurine había experimentado el abandono en su matrimonio, serios problemas de salud y de sobrepeso, dificultades financieras, falta de compañía y mucho más. Cuando empezó a tener sesiones conmigo, su disfunción salió a la luz mostrando patrones subconscientes que producían resultados malsanos.

Después de trabajar con ella, pude ver con claridad que la mayoría de sus problemas se originaron por una serie de causas patrones limitantes de su familia. Aunque ella tenía sus propios problemas, los requisitos inconscientes de los miembros de su familia para que una persona estuviera a la altura y fuera aceptada, complicaron su vida e influyeron en su creencia de que vivir en esta tierra no era positivo.

Mientras no pudo darse cuenta de su programación subconsciente (es decir, mientras no pudo ver un panorama más pleno de las estrellas de su universo) siguió siendo una víctima con muy poca capacidad para cambiar su realidad. A medida que empezó a darse cuenta de todo esto, pudo hacer encajar los sucesos de su pasado con una mayor comprensión, y eso hizo posible que ella creara una nueva realidad.

Laurine no es la única que ha pasado por esto; todos nos parecemos a ella cuando nuestros problemas brotan de los conceptos negativos y erróneos que se encuentran en las reglas inconscientes de la familia. A veces el darnos cuenta y estar conscientes representan más de la mitad de la batalla. De hecho, muchas veces sólo necesitamos reconocer el engaño para poder cambiar.

Limpiar el disco duro

Nuestro cuerpo/mente registra todo lo que experimentamos en la vida. Como si fuéramos computadoras con complejos sistemas de procesamiento y discos duros profundamente instalados, nuestro cuerpo y nuestra mente contienen todas las facetas de nuestras percepciones individuales, lo que incluye la aceptación de los libros de reglas de nuestras familias. Algunas personas pueden cambiar diariamente la computadora de su cuerpo/mente, conforme se introduce en ella nueva información y se elimina la información que ya no es vigente. Otras personas rara vez pueden cambiar y repiten una y otra vez las historias antiguas.

Cuando introduces las percepciones de tu familia en la computadora de tu cuerpo/mente, tu sistema empieza a filtrar tus experiencias a través de las percepciones que has almacenado. Decidir que eres indigno(a) o inaceptable debido a los filtros negativos, inicia un ciclo de repetición y empiezas a ver todas las circunstancias a través de un lente que se le ha dado cierto color, bloqueando así otros puntos de vista de la realidad que podrían existir en forma simultánea.

Éste es un ejemplo visual de este concepto: Cuando compras un coche nuevo, te familiarizas con ese modelo y ese color, y a partir de ese momento, empiezas a ver muchos vehículos como el tuyo. Tal vez nunca antes los notaste, pero después de comprar tu coche, e incluso después de que lo vendes, distingues los coches de ese color y modelo en las calles. Lo mismo nos pasa a nosotros: Cuando tenemos experiencias que nos llevan a decisiones relacionadas con nuestra vida o con nosotros mismos, inconscientemente entramos al mundo y percibimos todas las demás experiencias que confirman lo que nosotros creemos que es verdad.

Cuando nuestro cerebro se aferra a una percepción, intentamos volver a crear circunstancias o sentimientos similares para confirmarla. Sabiendo esto, es fácil comprender por qué a las familias que tienen ciertas ideas les es difícil ver más allá de su propia situación (es decir, ver otros coches en la carretera). Por ejemplo, los Smith no pueden imaginarse experimentando una vida sin trabajo arduo y sin luchas financieras. No saben cómo se siente estar libre de compromisos fiscales, y no entienden otros estilos de vida. Han funcionado con las creencias de su familia durante tanto tiempo que no pueden ver otras realidades. Por ejemplo, si siempre han tenido un Pontiac azul, nunca han notado los Mercedes dorados, así que no saben que pueden tener un Mercedes dorado si decidieran cambiar.

Una amiga mía que se llama Marilyn también tenía varias creencias y temores familiares sobre el dinero que eran limitantes. Creía que en el universo no había suficiente para que todos tuvieran lo que deseaban. Sentía que ella no merecía tener lo que anhelaba, y que si de alguna manera lo conseguía, no sería duradero. También creía que todos los demás tenían que obtener el éxito antes de que ella pudiera alcanzarlo.

Estos temores y conceptos erróneos eran el resultado directo de las creencias de sus padres en lo relacionado a estos temas, y al lugar que ella tenía en la familia. Como era la hija mayor, se le enseñó a hacer a un lado sus necesidades y a favorecer las necesidades de otros. Eso puede ser positivo, y le fue útil a lo largo de gran parte de su vida. Pero se volvió negativo cuando ella decidió que sus necesidades no eran importantes y entonces llegó a la conclusión de que *ella* tampoco era importante. El padre y la madre de Marilyn también eran hijos mayores educados por personas bondadosas orientadas a ser serviciales. Tal vez sus padres decidieron algo similar en su juventud y por consiguiente transmitieron sus temores relacionados con no ser importantes a su hija mayor. Repito, en ocasiones, el hacer a un lado tus necesidades es una característica positiva, pero en esta familia, esto tenía un miedo subyacente que fomentaba patrones de pensamiento que hacían que se sintieran indignos.

Los padres de Marilyn se preocupaban por no tener lo suficiente. En sus esfuerzos por ser bondadosos y generosos con otros, luchaban por conservar algo para ellos.

Aunque en cierta forma creían que merecían tener lo que deseaban, también temían que nunca hubiera suficiente, simplemente porque a nivel subconsciente pensaban que no eran importantes.

Mientras mi amiga no estuvo dispuesta a identificar y cambiar los datos almacenados en su disco duro (sus conceptos erróneos), su realidad estuvo bajo la influencia de los hábitos de su familia. Parecía que nunca había suficiente para ella, aunque al parecer los demás sí conseguían lo que deseaban. Ella siempre era la persona de más bajo nivel en el tótem. Es probable que así se haya sentido siendo niña, y su autoimagen inicial perduró por mucho tiempo. La visión alterada que Marilyn tenía del mundo hacía que sólo identificara los momentos en que otros la excluían, en que se quedaba sin un centavo, y en que creía que nunca era suficientemente importante para satisfacer sus necesidades. Le era muy difícil percatarse de las ocasiones en que pudo tener prioridad, la ocasión en que consiguió veinte dólares extra que necesitaba, cuando de hecho compró la casa que anhelaba, y así sucesivamente.

Cómo incrementar nuestro poder cambiando nuestras percepciones

Albert Einstein dijo en una ocasión: "Los problemas importantes que enfrentamos no pueden resolverse al mismo nivel de pensamiento que teníamos cuando los creamos". Sólo cuando comprendemos nuestro pensamiento limitado podemos decidir alterarlo y cambiar como personas.

He tenido muchos clientes que realizan cambios dramáticos en su vida después de simplemente abrirse a un mayor número de posibilidades. Por ejemplo, una vez llegó a mi oficina un hombre que deseaba superar las barreras que le habían impedido encontrar la manera de comprar una casa nueva. Vivía en una zona exclusiva y al parecer no calificaba para obtener un préstamo. Después de sólo una sesión pudo ver las formas en que él mismo había saboteado sus finanzas, y por lo tanto su capacidad para alcanzar su meta. Tres meses después de cambiar su percepción, mi cliente compró una casa nueva.

Cuando podemos ver nuevas opciones, podemos crearlas. Pero para poder llegar a ese punto, debemos cambiar el nivel de pensamiento en que estábamos cuando creamos nuestras opiniones originales.

Cómo manejar las emociones que brotan de creencias limitantes

Muchas emociones surgen en forma natural de nuestras creencias profundas. Por ejemplo, una mujer que cree que debe tener una casa limpia para ser una buena persona, puede molestarse cuando otros dejan cosas en desorden. Su enojo se manifiesta porque las acciones de otros son un reto contra su propia valía, que depende de adherirse a las creencias centrales de su familia. Otra mujer, que cree que debe ser delgada para que se le valore, puede ponerse nerviosa cuando otros cuestionan su peso o cuando observan lo que come o juzgan si hace o no ejercicio. Cuando nuestra valía personal está en juego, se vuelve cada vez más difícil crear circunstancias felices y positivas para nosotros mismos.

Sentir, reconocer y comprender nuestras emociones puede ayudarnos a analizar nuestras creencias profundas y eliminar de nuestro "disco duro" los datos no deseados. Es importante reconocer nuestros sentimientos en lugar de reprimirlos. Superar los sentimientos negativos puede ayudarnos a progresar de modo que seamos capaces de ver y en esa forma crear nuevas posibilidades para nosotros mismos.

Por desgracia, hacer esto puede ser muy difícil si estamos desconectados emocionalmente. Muchas personas de nuestra sociedad luchan para determinar cómo se sienten, porque en su casa les enseñaron a temer a las emociones. Una evidencia de esta presión inconsciente para reprimirse se observa cuando escuchamos a los padres decirles a sus hijos: "Deja de llorar. No necesitas hacer tanto escándalo por eso", o cuando escuchamos a los adultos juzgar o criticar a las personas que muestran sensibilidad.

Nuestras emociones son indicadores poderosos de lo que ocurre en nuestro interior. Además, son parte del fino sistema que se ocupa de procesar nuestras experiencias diarias. Llorar no es algo negativo; a veces al llorar podemos liberar estrés y el llorar hace que nos sintamos tranquilos. Podría haber ocasiones en que necesitamos calmarnos y enfrentar nuestros problemas con rapidez, pero hay muchas otras ocasiones en que podemos beneficiarnos de explorar y aprender. Cuando experimentamos una y otra vez ciertos sentimientos y escenarios, ha llegado el momento de averiguar qué está sucediendo en nuestro interior.

Cuando entendemos que nuestras emociones son la pista para nuestras creencias profundas, normalmente estamos más dispuestos a prestarles atención. Pueden proporcionar la información necesaria para cambiar nuestras percepciones y llegar a ver nuevas posibilidades (es decir, notar otros coches en la carretera).

Para reiterar, las creencias familiares limitantes afectan la autoestima del individuo y sus sentimientos de valía personal. Cuando estas creencias representan un reto para la manera positiva en que te sientes sobre ti mismo(a), las emociones negativas que naturalmente experimentas te proporcionan una información vital. Si manifiestas cualesquiera de los siguientes comportamientos disfuncionales, ha llegado el momento de examinar tu subconsciente y dejar al descubierto las pautas y creencias que están destruyendo tu disco duro:

- Adicciones a la comida, al sexo o al alcohol
- Fracasos en las relaciones
- Cualquier tipo de abusos
- Frustración y/o enojo en el campo de la religión
- Indiferencia emocional

Como se mencionó antes, cualquier información, enseñanza, tradición, valor o proyección que hace que sintamos desagrado u odio por nosotros mismos es una forma de engaño. Todos somos seres gloriosos y espirituales con un potencial divino. A veces, conforme sanamos, podemos encontrar que nos desagrada nuestro comportamiento (nuestras elecciones), pero enfrentar la verdad nos llevará a descubrir en nuestro interior algo bueno, no algo malo.

Si te sientes abrumado(a) emocionalmente, haz que tus emociones negativas trabajen para ti. Permite que te ayuden a limpiar la computadora de tu cuerpo/mente y eliminar de ella datos dañinos; es decir, creencias que impiden que te ames y te aceptes.

Búsqueda interior; comienza el proceso

Para sanar el mundo externo, debemos empezar en nuestro ser más profundo. La realidad siempre es un reflejo de lo que ocurre en el interior. Es una ley. Cosecharemos aquello que sembramos; lo que expresamos regresa a nosotros multiplicado. Por esta razón, este capítulo y los siguientes, contienen preguntas que te ayudarán a empezar el proceso de sanación.

Al contestar las preguntas, por favor hazlo honestamente contigo mismo(a). Tu buena disposición para explorar la verdad te dará el poder para cambiar tu vida y mejorarla y para amarte a ti mismo(a). Es difícil para la mente consciente optar por ver la verdad (es decir, ver más estrellas en el firmamento) si tus respuestas te llevan a odiar, a juzgar o a culpar a otros o a ti mismo. Ese comportamiento negativo sólo indica una necesidad de mayor introspección.

Para sanar se requiere compasión y honestidad, sin culpa. Cuando se te pida que analices los patrones de conducta de tu familia (que probablemente no se originaron contigo) es importante que sientas compasión por los miembros de tu familia, que tal vez hayan experimentado tribulaciones a causa de ideas limitantes. La culpa es un proceso enfermizo en el que dejas de concentrarte en ti mismo(a) y te concentres en algo más, y te sentirás como una víctima si no asumes responsabilidad por tu decisión de obedecer el libro de reglas inconscientes de tu familia. La única forma de sanar tus disfunciones actuales es asumir plena responsabilidad y sentir amor y compasión por los miembros de tu familia y por ti mismo(a).

Explorar tu capacidad consciente es emocionante y te da el poder para cambiar, así que disfruta este periodo de exploración de tu alma, y nútrete a medida que sanas. Una dieta saludable, buenos hábitos de sueño y descanso, y una rutina de ejercicio apropiada, te ayudarán a mantenerte en equilibrio y a hacer que la transición se lleve a cabo sin obstáculos.

Responder a las preguntas que se dan en cada paso de este libro significa que estás listo(a) para cambiar. Conserva tus respuestas de cada capítulo; vas a necesitar anotarlas en un cuaderno o diario (o en las páginas de Notas que se proporcionan al final de este libro) para completar este proceso en su totalidad. Si en cualquier momento necesitas detenerte, siéntete en libertad de dejar el libro y tomarte un día para reflexionar. Luego retoma la lectura y sigue donde te quedaste. Debes estar dispuesto(a) a ver la verdad, y conforme lo hagas, recibirás bendiciones.

El Proceso

1. ¿Qué es lo que más deseas en tu vida en este momento? Puedes escribir algo como: *Deseo ganar mucho dinero; deseo una mejor relación con mi pareja; deseo un mejor empleo; Deseo sentirme feliz; o deseo crear más paz en el hogar.*

2. ¿Es lo que deseas diferente a lo que experimentaron tus padres o tus antepasados? Examina sus creencias observando con objetividad. Tal vez empieces a reconocer de inmediato los patrones que impiden que logres lo que deseas. Si esto empieza a suceder, anótalos.

3. ¿Sientes que tu padre y tu madre se aman a sí mismos plenamente? (o si se amaron a sí mismos, si ya murieron). Si no lo sientes, pasa a la Pregunta 4. Si lo sientes, pregúntate si estás dispuesto(a) a ser honesto(a) en cuanto a la forma en que percibes a tu familia y luego continúa con la pregunta 4. Recuerda que vivimos en un universo en el que lo que es bello por naturaleza también es imperfecto. Amarnos a nosotros mismos perfectamente es algo a lo que aspiran muchas personas en esta vida; sin embargo, lograrlo aquí en nuestro estado humano es poco probable y poco natural.

4. Escribe una o más tradiciones que aprendiste de tu madre y que impiden que te sientas bien contigo mismo(a). Consulta la lista que se proporcionó antes en este capítulo si necesitas ayuda. Por ejemplo, si tu meta es ganar más dinero, querrás anali-

zar las creencias de tu madre en este tema. Hazte preguntas como: *¿Sentía mi mamá que merecía tener dinero? ¿Tenía miedo de nunca tener suficiente? ¿Era mi mamá una víctima?* Si tu meta es mejorar tu relación con tu pareja, te interesará analizar las relaciones de tu mamá con su pareja (o parejas). ¿Tuvo ella un patrón de ser víctima? De ser así, ¿por qué? ¿Confiaba en otros o sospechaba de ellos? ¿Cómo pudo ella haber contribuido a los problemas en sus relaciones?

5. Pon por escrito una o más tradiciones familiares que aprendiste de tu padre y que te impidieron sentirte bien contigo mismo(a). De nuevo, usa la lista que aparece en este capítulo para que te ayude si es necesario. Por ejemplo, si tu meta es conseguir un mejor trabajo, podrías hacerte preguntas como estas: *¿Estaba mi padre contento con su trabajo? ¿Creía que merecía ser feliz en su trabajo? ¿Utilizó su carrera profesional como una oportunidad para seguir una pasión o llevar a cabo el propósito de la vida? Si no lo hizo, ¿cuál fue la razón?* Las tradiciones que anotes en este paso y en el anterior, son el principio de tu lista de creencias familiares falsas.

6. Responde esta pregunta: *¿En qué formas soy como mis padres y no estoy dispuesto(a) a reconocerlo?* Ha llegado el momento de ser muy honesto(a) contigo mismo(a). Si no puedes ver en qué forma te pareces a tu papá y a tu mamá, pide ayuda a alguien que te ame y te apoye. Dile a esa persona que realmente quieres ver la verdad, y luego pregúntale si

te quiere ayudar a identificar las formas en que te comportas o piensas y que se parecen a la forma en que lo hacen (o hacían) tus padres.

7. Al revisar las creencias que tienes tú y tienen (o tuvieron) tus padres, identifica las que te impiden lograr lo que más deseas en la vida en este momento.
8. Como tu entorno también tiene un papel importante en la forma en que nos sentimos con nosotros mismos, dedica un minuto a anotar una o más creencias que hayas aprendido de la sociedad (o de tu cultura regional) y que impiden que te sientas bien contigo mismo(a).
9. Identifica cuál de estas creencias culturales te impide conseguir lo que deseas en este momento.

¡Felicidades! Has terminado el primer paso de este camino y estás listo(a) para seguir adelante y aprender la forma de superar los juicios y los temores.

Capítulo Dos

Paso 2: Cómo superar los juicios y los temores

2

El mundo está lleno de creencias que se basan en información falsa. Las cosas no siempre son lo que parecen. Mi esposo se divierte contando la historia de una mujer que murió congelada en la parte trasera de un tren de carga porque creyó que la temperatura estaba por debajo del punto de congelación, pero en realidad no lo estaba. Escucho este relato con frecuencia, pues mi esposo piensa que el hecho de que yo siempre tenga frío es ridículo. En son de broma les dice a nuestros hijos que un día me va a pasar lo que le pasó a esa mujer y que me van a encontrar muerta de frío cuando fuera de la casa la temperatura está por encima de los diez grados centígrados.

Dejando a un lado las bromas, esta historia es un buen ejemplo de lo potentes que pueden ser nuestras percepciones, y cómo pueden sofocar la realidad en muchas situaciones. Estos conceptos erróneos, y los juicios que hacemos debido a ellos, son el tema de este capítulo. Anteriormente, identificaste las tradiciones falsas que podrían estarte reprimiendo; ahora ha llegado el momento de averiguar cómo empezaron estas costumbres. Empezarás a descubrir por qué crees lo que crees y aprenderás a superar el instinto de juzgar a quienes no están de acuerdo con lo que tú crees o el hábito de juzgarte muy duramente cuando no actúas de acuerdo con las expectativas de tu familia o de la sociedad.

Remontarse al pasado

A medida que trabajas para superar el deseo de hacer juicios injustos, te será útil echar un vistazo a las cosas que temes. Después de todo, muchas percepciones se basan exclusivamente en el miedo. Por ejemplo, es posible que el terror que la mujer que murió congelada sentía ante las temperaturas muy bajas le haya impedido darse cuenta de la verdad: que no hacía tanto frío como ella pensaba.

Todos tenemos temores, y siendo seres humanos, es natural que hagamos juicios, ya sean justos o injustos, en relación con aquello que tememos. Estas evaluaciones negativas podrían impedir que viéramos algunas situaciones con claridad. Por ejemplo, cuando nos enfrentamos a momentos difíciles, podríamos preocuparnos de que nuestras circunstancias pudieran ser el resultado de algo que está mal en nosotros. Esto por lo general es el resultado de los traumas de la infancia: Nuestras reacciones a esos sucesos acaban distorsionando nuestras percepciones de tiempo presente, aunque el incidente haya ocurrido hace mucho tiempo. Aunque como adultos podríamos tener más información, el niño (o niña) que hay en nuestro interior a menudo sospecha que somos culpables de cosas que en realidad no pudimos controlar, como un divorcio, los abusos, los accidentes, la muerte o incluso los problemas financieros. La angustia del pasado (y las creencias que adoptamos a causa de esta angustia) tienen el potencial de gobernar el futuro si no tomamos la decisión de ser dueños de nuestra vida.

Mirar al pasado, por lo tanto, puede ser muy útil ya que al hacerlo analizas tus percepciones de la realidad. Al revisar el historial de tu familia, puedes descubrir las distorsiones y los juicios que formaste, al igual que los temores que crearon estos juicios. Y aunque no puedes cambiar lo que sucedió, *puedes* alterar la forma en que te sientes al respecto. Pero lo más importante es que puedes cambiar el curso del futuro para ti mismo(a) y para quienes vendrán después.

Las percepciones defectuosas, la ansiedad y los juicios críticos (como creer que no eres una buena madre si tu casa no está siempre perfectamente limpia o sentir que alguien que vive en tu misma calle no tiene éxito porque nunca fue a la universidad o porque no trabajó tan arduamente como tú) existen por diversas razones. Una causa primordial podría ser las expectativas que tienes para ti mismo(a) y las que recibiste de los miembros de tu familia.

Evaluar tus expectativas

Son muchas las creencias que impregnan a nuestras familias y afectan nuestra vida, nuestro mundo, nuestro sentido de valía personal y la capacidad de dar y recibir amor en nuestras relaciones interpersonales. Algunas personas creen que es bueno ser amigable, mientras que otras enseñan que es mejor ser reservado o tranquilo. Algunos piensan que la única forma de vivir es coexistir con tu familia a lo largo de tu vida; otros creen que no es normal vivir con tus parientes. Diferentes grupos podrían afirmar que es mejor ser negro que ser blanco, ser cristiano que ser judío, ser europeo que ser americano.

Uno de mis cuentos infantiles favoritos es *Si sólo tuviera yo la nariz verde* de Max Lucado. En este cuento, la creencia de la comunidad era que uno debe seguir la última moda o tendencia para recibir aceptación y amor, aunque la moda sea tener verde la nariz. De hecho, a lo largo de la historia pueden verse las expectativas primordiales de los miembros del grupo. Si vivías en ese lugar y no tenías la nariz verde, obviamente no eras aceptado por los demás; y todos sabemos lo que le pasa a tu autoestima cuando no encajas con el resto del grupo. Lo cierto es que cualquier creencia dominante (ya sea que fomente la bondad o exija que tengas la nariz verde) afecta tu auto imagen y tu capacidad de amar.

Mira, como seres humanos, tenemos el deseo nato de ser amados y aceptados por otros. Esto puede hacer que aflore lo mejor o lo peor que hay en todos nosotros. Por ejemplo, cuando obedecemos cualquier conjunto de reglas positivas o de expectativas valiosas, ya sea que las personas que nos interesan las expresen en forma explícita o las comuniquen de manera involuntaria, tenemos el beneficio de sentir que somos parte del grupo; nos sentimos amados y valorados. Esto por lo general nos hace felices, lo que tiende a ayudarnos a actuar y ser de lo mejor.

Pero cuando no podemos vivir a la altura de todas las expectativas que nos rodean, o si son poco realistas e injustas, nos sentimos mal (aunque no estemos dispuestos a aceptarlo). Y cuando otras personas no responden a estas expectativas, muchos de nosotros quisiéramos que también se sintieran mal (y por lo general tampoco nos agrada admitir eso). Estos sentimientos traen consigo el impulso de compararnos con otros, lo que lleva al hábito de usar nuestra valía como punto de referencia en lo relacionado con las capacidades de otras personas. Pronto brota el orgullo, ya que no queremos darnos cuenta de que no podemos ser, ni hacer todo lo que se espera de nosotros. En lugar de poner al descubierto nuestras limitaciones, preferimos fingir que lo tenemos todo, cuando en realidad estamos muy lejos de estar en la cumbre. Por el contrario, estamos atrapados en un ciclo de críticas y juicios, en un pantano de pensamientos y comentarios negativos contra quienes no comparten nuestros valores y opiniones, mientras tratamos de evadir las ofensas que otros lanzan contra nosotros.

Lanzar pensamientos y comentarios críticos contra otros no sólo nos separa de aquellos que no son como nosotros, también nos lastima. Convierte a las familias felices (y en consecuencia a las sociedades) en individuos que están demasiado involucrados en un ciclo de retribución para poder concentrarse en amarse y aceptarse a sí mismos y en amar y aceptar a los demás. El resultado es que surgen tendencias sociales negativas, como sucede siempre que en una sociedad hay varias generaciones consecutivas que no se sienten dignas ni felices. Cuando las expectativas y las creencias le enseñan a la gente a odiar en lugar de amar, surgen conflictos y empiezan las guerras.

Cuando toda una familia tiene baja autoestima, sus miembros son altamente críticos, sarcásticos y sentenciosos con respecto a otros, dentro y fuera del grupo. Es irónico que los individuos que están atrapados en este ciclo de comentarios críticos puedan darse cuenta de sus defectos a nivel subconsciente, pero están demasiado inmersos en sus acciones para reconocer los efectos que causan.

En lugar de dar un paso atrás y utilizar la bondad para resolver sus problemas, suelen compensar en exceso sus debilidades, proyectando una imagen de poder y autoridad. Sus temores a menudo están encerrados en lo más profundo de su ser interior, pues ellos se niegan a reconocer que algo en ellos está mal o necesita cambiarse, y es probable que se hayan vuelto expertos en el juego de culpar a otros. No sólo temen ver sus deficiencias, también le temen al cambio. Este temor se magnifica en relación con el número de personas que hay en la familia (o en un grupo de familias), y ésa es la cantidad de energía con la que te toparás cuando abras la puerta del armario de los temores familiares.

Considera la batalla de Cristóbal Colón cuando intentaba convencer a la sociedad de su época que era posible llegar a la India navegando en dirección al Occidente en lugar de navegar hacia el Oriente. En la actualidad damos por sentada esta sencilla verdad, pero en el siglo XV la mayoría de las personas pensaban que esto era imposible. Creían que había monstruos esperando a cualquiera que navegara fuera de los límites de la zona conocida, y se reían de aquellos que se atrevían a pensar que el mundo se extendía más allá de lo que ellos habían experimentado.

Aunque en ocasiones es difícil lograrlo, el resultado final de reconocer y superar los temores, y de obtener mayores conocimientos, es el crecimiento, la oportunidad y la libertad. Sin ese progreso estamos atrapados. Cuando estamos demasiado temerosos para ver, escuchar o aprender algo nuevo sobre nosotros mismos, somos como la gente del siglo XV que se encerró dentro de los confines de su conocimiento limitado porque tenía miedo, y sus dudas se basaban en información falsa. ¡Sólo imagina qué podría haber pasado si todos estuvieran todavía atorados en ese sistema de creencias en lo relacionado con la geografía!

Los peligros de criticar agudamente a otros

Para animarte, me gustaría compartir contigo algunos relatos sobre las consecuencias negativas de lanzar críticas y los posibles resultados de superar este mal hábito. En cada caso, pudo haberse evitado mucho dolor si los involucrados hubieran examinado lo que se les estaba enseñando y las suposiciones que se estaban haciendo.

Apegarse a las reglas: Jane y la Señorita Jones

Mi amiga Jane compartió conmigo una experiencia que vivió en el sexto grado de primaria y que le causó dolor emocional hasta después de haber cumplido los 30 años de edad. Su maestra de sexto grado fue la Señorita Jones, que daba gran importancia a las reglas del salón de clase y las usaba para motivar (o humillar) públicamente a sus estudiantes. Esta maestra leía las calificaciones de los alumnos en voz alta y los alababa o los condenaba frente a sus compañeros; también tenía una regla según la cual los niños tenían que escribir su nombre completo en los exámenes, y si no lo hacían, prometía darles una calificación reprobatoria.

A Jane le gustaba sacar buenas calificaciones. Era una niña inteligente y se sentía bien cuando sobresalía en la escuela. Además, se sentía segura y cómoda siguiendo las reglas, pues se le había educado en una familia donde la obediencia era importante. Pero ella y la Señorita Jones chocaron cuando las expectativas de la maestra obstaculizaron el deseo de mi amiga de destacar en la escuela.

Jane iba a presentar un examen y había estudiado mucho, pues deseaba obtener una calificación perfecta. Contestó el examen con mucha confianza y lo entregó a la maestra. Como estaba tan emocionada por el éxito que seguramente alcanzaría, le entregó el examen a la Señorita Jones sin haber escrito todo su apellido; sólo había escrito su nombre y la inicial del apellido. Sin querer, violó una regla de la clase.

Al día siguiente, cuando Jane estaba sentada en su lugar esperando ansiosa que la maestra anunciara frente a toda la clase que ella había sacado una calificación del cien por ciento, recibió un impacto terrible y se sintió horrorizada cuando la maestra anunció que había reprobado. Es probable que la Señorita Jones no se haya dado cuenta en ese momento, pero eso fue como si le hubiera lanzado a Jane un puñado de lodo.

Jane me lo contó así: "Me esforcé mucho por contener las lágrimas para que nadie me viera llorar. Sentí que no valía nada y me sentí humillada frente a mis compañeros. Había trabajado tanto estudiando para esa prueba, y mi recompensa se vino abajo porque en la parte superior de la hoja no aparecía mi nombre completo. Sólo había tenido dos errores leves; merecía la calificación más alta. Pero como no respondí a todas las expectativas de mi maestra, se me humilló y se me hizo sentir que era una niña mala en frente de toda la clase".

La madre de Jane se disgustó cuando supo lo que había ocurrido y de inmediato se dirigió a la escuela para quejarse. La directora tomó cartas en el asunto, pero la Señorita Jones no cedió y permaneció firme en exigir que se cumplieran sus reglas. Se sintió atacada y respondió defendiendo su posición.

Lamentablemente, este intento por ayudar a Jane sólo le causó mayor tensión. Jane exclamó: "¡Ojalá mi mamá no hubiera intervenido! La maestra se disgustó conmigo porque su reglamento se había puesto en tela de juicio públicamente, y yo tuve que vivir con su castigo silencioso; la presión fue casi insoportable para mí".

Aunque no sabemos a ciencia cierta en qué estaba pensando la Señorita Jones, ni cómo se sentía, podemos suponer varias posibilidades. En primer lugar, sabemos que, durante esta crisis, la Señorita Jones sufrió una urticaria relacionada con el estrés. Es posible que estuviera tan molesta por todo el asunto como lo estaba Jane, y tal vez luchó con sus propios sentimientos de autoestima. Es probable que tuviera grandes expectativas en relación consigo misma, y que estuviera aplicando el mismo código a sus estudiantes. Tal vez creció en un entorno donde lo único importante eran las reglas.

No tiene nada de malo establecer y mantener estándares altos, pero no es sano atacar la valía de otras personas cuando no alcanzan estos estándares. Todos somos humanos, nadie es perfecto. Es probable que nunca podamos dar el ancho si en nuestro interior sentimos que no valemos nada. Además, para Jane el problema no fue la regla; fue la actitud crítica. Cuando otros no son capaces de responder a nuestras expectativas, es más positivo para nosotros optar por la comprensión y el amor en lugar de lanzarnos a la ofensiva.

Lo triste es que Jane sintió que no valía nada y a lo largo de muchos años se sintió demasiado responsable por lo sucedido. Esta experiencia la llevó a tomar varias decisiones importantes sobre ella misma y su mundo, que afectaron su vida y afectaron a su familia por mucho tiempo. En primer lugar, decidió que su opinión no tenía importancia. A pesar de sus esfuerzos (y los de su mamá) para explicarle su posición a la maestra, no se le escuchó ni se le validó. En segundo lugar, decidió que las figuras de autoridad no iban a escucharla, y por consiguiente, ella no valía lo suficiente para ser escuchada. Y en tercer lugar, decidió que era mejor no hablar ni crear problemas, pues eso sólo empeoraría las cosas.

Debido a estas decisiones, Jane vivía temiendo a los conflictos, tratando de que todo estuviera bien y aterrada de no valer lo suficiente para ser escuchada. Si no hubiera cambiado, les habría enseñado esto a sus hijos, y al paso del tiempo, ese comportamiento habría llegado a ser un patrón disfuncional en la familia.

Esta experiencia fue desafortunada tanto para Jane como para la Señorita Jones. Jane no respondió a las expectativas de la maestra, pero en lugar de pasar por alto el reglamento y tomar en cuenta lo que en realidad era importante, la maestra optó por criticar duramente a Jane, su alumna, quien al no tener otros recursos y opciones, aceptó ese trato. Es posible que después del hecho ambas se sintieran tensas y tristes, pensando que no valían como personas. Fue una experiencia particularmente dañina porque mi amiga era hija única, y eso la hacía más vulnerable a la opinión y a la actitud de una maestra.

Patrones familiares: Spencer y Taylor

Otro ejemplo de este comportamiento dañino se relaciona con Spencer, un hombre a quien asesoré. Había nacido en una familia en que los abusos físicos y verbales eran la norma; la familia estaba llena de personas muy agresivas. Solían castigar a Spencer con nalgadas, bofetadas e incluso puntapiés; se le agredía verbalmente con un exceso de sarcasmo y crítica. Su grupo familiar temía las imperfecciones y en consecuencia, criticaba a cualquiera que (en su opinión) no fuera perfecto, en especial si era miembro de esa familia. Era común que se atacaran verbalmente y rara vez tenían una alabanza para nadie.

Casi todos los parientes de Spencer sufrían depresión. La naturaleza crítica de mi cliente estaba muy arraigada en él y lo obligaba a ser muy sarcástico y sentencioso. Por consiguiente, no era feliz y sus relaciones personales eran dolorosas. Vino a verme con la esperanza de cambiar la forma en que se le había enseñado a interactuar.

Durante una sesión de asesoría, llegó a mi mente una imagen que me proporcionó una analogía muy útil: En ella había un grupo de personas que se habían reunido en un invernadero que estaba cubierto con una lona negra. No entraba nada de luz y todas las plantas estaban muertas. Pero todos los que estaban en el invernadero admiraban las varitas secas, asegurando que ese invernadero era de lo mejor; que era mucho mejor que los otros. Todos temían salir porque al hacerlo, tendrían que admitir que todo estaba muerto, y que de hecho no había luz en el interior.

Relacioné la luz del sol que se necesita para que las plantas florezcan con el amor que se necesita para que las relaciones entre las personas se desarrollen; a veces nos convencemos de que estamos recibiendo afecto cuando no es así. Esto es común en las familias y en las comunidades donde prevalecen los abusos. No siempre queremos ver que nuestras acciones (o las de nuestros líderes o familiares) son poco amables y potencialmente dañinas. Tenemos un deseo tan intenso de recibir cuidados y de tener una conexión con alguien que, preferimos adaptar nuestra percepción del amor de modo que encaje con nuestros patrones disfuncionales y no enfrentarnos al dolor y al miedo.

Después de un gran número de sesiones, Spencer empezó a cambiar su instinto de lanzar críticas y ataques, pues se dio cuenta de que el patrón familiar de criticar con sarcasmo a otros no le era útil a nadie. Un día, su hermano Taylor llegó a visitarlo; Taylor era muy delgado y mi cliente había subido un poco de peso. Los dos fueron a pescar y durante una conversación informal, Taylor le lanzó un ataque: "Supongo que no puedes evitarlo, ya que el lechero era gordo". Aunque lo dijo como una broma, hizo que Spencer se sintiera mal.

Todos en la familia eran delgados y acostumbraban criticar a la gente con sobrepeso. Spencer se sentía muy mal por haber subido de peso y empezó a cuestionar su valía como persona. Para tratar de defenderse de Taylor, dedicó el resto del tiempo de su visita a hacerle comentarios igualmente sarcásticos, rudos y críticos. Atacó a su hermano todo lo que pudo, con la esperanza de apabullarlo y así poder sentirse mejor.

Cuando Taylor se fue, Spencer vino a verme. Estaba volviendo a caer en un estado depresivo porque se había dejado llevar por el patrón malsano de su familia. Cuando no puede existir una comunicación interpersonal positiva, sana y segura, las relaciones se desvanecen y fracasan, y a la larga se vuelven superficiales. En lugar de hablar de lo que realmente está ocurriendo en nuestro interior, hablamos de temas menos riesgosos, como el clima y los deportes. Aunque Spencer amaba a su hermano, las críticas causaron un distanciamiento en su relación. De hecho, ese vacío estaba presente en toda la familia y evitaba que otros miembros del grupo se sintieran amados y aceptados.

Elecciones en la vida: Dos parejas en el trabajo y en el juego

Carrie y Robert eran amigos de Kate y Matt. Robert era cirujano; sus padres habían sido muy trabajadores y su padre también era médico. Su familia le enseñó que la gente buena se esforzaba mucho y contribuía diligentemente a la sociedad. Él suponía que las personas eran malas cuando se concentraban en sí mismas y no trabajaban arduamente.

Carrie, la esposa de Robert, había vivido con Kate cuando estaban en la universidad y eran muy buenas amigas. Los padres de Kate también habían sido muy trabajadores, y su padre también era médico. Ella heredó una buena cantidad de dinero de sus padres, a quienes amaba mucho, pero a decir verdad, ella estaba resentida por el tiempo que su padre solía pasar lejos del hogar. Por consiguiente, Kate había tomado una decisión consciente de renunciar al patrón de conducta de su familia. Decidió pasar la mayor parte de su vida viviendo el momento y divirtiéndose, de modo que se fascinó cuando conoció a Matt, un hombre que compartía sus deseos.

Al principio, cuando Robert conoció a Kate y a Matt, no le agradaron en absoluto. Durante varios años, siempre que las dos parejas se reunían, Robert se alejaba, criticándolos a sus espaldas. Creía que eran irresponsables, infantiles y ridículos. Carrie discutía con él tratando de defenderlos, pues eran sus amigos, pero sus esfuerzos eran infructuosos.

En una ocasión, las dos parejas salieron juntas un fin de semana. Robert pensaba que se sentiría frustrado, pero se sorprendió cuando, poco a poco, empezó a disfrutar la compañía de Kate y Matt. Su actitud amante de la diversión fue una brisa de aire fresco para él, pues estaba cansado y con exceso de trabajo. Al principio le fue muy difícil aceptarlo, pero al final de dijo a Carrie: "¡Creo que Kate y Matt lo tienen todo resuelto! Tengo que dejar de trabajar tanto, debo aprender a divertirme y a dedicar más tiempo a mis hijos".

Durante mucho tiempo, el patrón de conducta de la familia de Robert le había impedido aceptar y disfrutar a los amigos de su esposa, de la misma forma en que juzgamos a otros, a menudo sin fundamento, podría interponerse entre nosotros y otras personas, que en otras circunstancias habríamos disfrutado y de las que habríamos podido aprender algo. Kate y Matt se convirtieron en modelos a seguir para Robert y él aprendió a crear un equilibrio entre el trabajo y la diversión. De manera similar, las personas que no comparten nuestros valores casi siempre pueden ofrecernos ideas para adoptar nuevas maneras de ser. Sólo porque un patrón de pensamiento, una creencia o un comportamiento son diferentes a los nuestros, no significa que sean malos. El mundo sería un lugar muy aburrido si todos fuéramos iguales.

Cómo enfrentar los miedos que sostienen al muro

En una sección anterior de este libro hablé de mi esposo Shane y del muro que él había creado a partir de la tradición de su familia, según la cual el trabajo arduo era la única manera de obtener lo que uno desea, y tratar de hacer algo diferente podría representar un fracaso. También mencioné que a Shane le agradaba esa barrera; hacía que se sintiera mejor que aquellos que no trabajaban tanto como él.

¿Puedes ver el ciclo? Es así: Mantén el código en vigor, critica a aquellos que no trabajan tanto como tú, que no llegan a ninguna parte, que se sienten desanimados. Comprométete una y otra vez a trabajar arduamente y a obedecer el código de la familia, y así sucesivamente. Detrás de cada creencia familiar destructiva hay un miedo que distorsiona nuestras percepciones y nos impulsa a emitir juicios. Si analizas de cerca las historias de Jane, de

Spencer y de Robert, es probable que descubras qué era lo que cada uno de ellos temía.

En mi trabajo, he descubierto que independientemente del tipo de temor que alguien tenga: temor al fracaso, a las desilusiones, al rechazo, al abandono, etcétera, por lo general se formó en el pasado. Muchos temores se heredan de los miembros de la familia y yacen en los rincones más profundos del subconsciente. Si no se resolvieron en la infancia, continúan guiando a la persona en la creación de sus percepciones durante su periodo de crecimiento. Por consiguiente, estas ansiedades explican muchos de los patrones inconscientes que se tienen y que tal vez rigen la mayoría de las elecciones que la persona hace, al igual que el camino que siguen sus hijos, pues se les transmiten estas mismas ideas.

Al paso del tiempo, los miedos distorsionados destruyen las relaciones familiares, pero es irónico que muchas personas se aferren a ellos porque creen falsamente que les ayudan a alcanzar sus metas. (¿Recuerdas el apego que Shane tenía con la pared?). En realidad, si nuestras creencias tienen su origen en las preocupaciones de otra persona, y se oponen al crecimiento y a la felicidad, son creencias erróneas. Debemos curarlas, sacando sus distorsiones a la luz; ésa es la única forma de superar el comportamiento destructivo.

¿Entonces por qué participamos en la interesante paradoja de suponer que nuestro comportamiento nos está ayudando cuando en realidad nos está causando mucho daño? Porque la manera natural para enfrentar nuestros miedos es reprimirlos; después de todo son aterradores. Preferimos aferrarnos a ellos que enfrentar la realidad. Por consiguiente, sin darnos cuenta inventamos formas creativas de ocultar la verdad y fingimos que estamos consiguiendo lo que deseamos. Ésa es la razón por la cual estos patrones de conducta persisten durante tanto tiempo: no estamos dispuestos a vencer el miedo que los crea.

Esto fue lo que le ocurrió a una mujer con la que trabajé. Se llamaba Mary y vino a verme después de que le diagnosticaron el trastorno bipolar. Estaba luchando en lo financiero, tenía problemas en su matrimonio y no le gustaba ser madre.

Mary creció en una familia que temía al rechazo, y había experimentado abusos sutiles en su infancia. Como muchos niños y niñas en generaciones anteriores, la habían golpeado y le habían dado nalgadas cuando era desobediente. Además, en ocasiones la culparon por el estado emocional de los adultos que la rodeaban. (Por ejemplo: "Yo no me enojaría si tú fueras obediente".) Como resultado, empezó a perder autoestima siendo muy joven y decidió que era mala y que nadie podría llegar a quererla.

Como a Mary no le enseñaron a enfrentar, expresar y manejar sus emociones, se aferró a los miedos de la familia a lo largo de muchos años. Ella también temía al rechazo y culpaba a las acciones otros por sus arrebatos emocionales.

¿En realidad era terrible y no merecía afecto? No; la verdad es que ella era una niña normal que merecía ser amada y que aprendía a través de sus errores. Los niños no son *malos* cuando desobedecen, aprenden cometiendo errores. Mary sentía que en su infancia había necesitado más cuidado y atención, pues el hecho de no tenerlos solidificó sus ilusiones falsas sobre su valía.

Ella pensaba que las conclusiones a las que llegaba eran lógicas; aunque yo dudo que eso era lo que sus padres querían que ella pensara. Conocí a sus padres, y ellos creían que amaban mucho a Mary. Creían que en ese momento estaban haciendo su mejor esfuerzo, con las herramientas con que contaban como padres. Querían que Mary creciera para ser feliz y tener éxito.

Mary, al igual que mi esposo, había construido un muro de ladrillo, basándose en las falsas tradiciones y en las percepciones erróneas de su familia. Cuando finalmente llegó al punto en que sí quería que esa barrera se desplomara, tuvo que luchar mucho para convencerse de llevarlo a cabo. El hecho es que se había acostumbrado a tener ese obstáculo.

Representar el papel de la víctima

En cierta forma, Mary se estaba portando como una víctima cuando en realidad no necesitaba hacerlo. Como la joven esposa que describí antes, que cortaba los extremos del jamón porque su abuela solía hacerlo, Mary se estaba aferrando a una creencia que se le había transmitido.

Es cierto que en cierta medida, Mary era una víctima, pero aferrarse a sus miedos a ser rechazada había intensificado esa condición. Había empezado a sentir que no era responsable del resultado de su vida. Como tenía un profundo miedo a ser indigna y sentía que nadie podría amarla, continuó reprimiendo su dolor y creyendo que ella siempre saldría lastimada. Al final, empezó a crear situaciones en que ella se sentía mal consigo misma y en que se le trataba mal; en otras palabras, sus miedos se hicieron realidad.

A Mary le parecía más fácil conservar su muro de ladrillos que enfrentar todo lo que tenía que sanar y cambiar para alcanzar lo que más deseaba: la felicidad. Estaba más dispuesta a vivir con su dolor que a confrontarlo; era víctima de sus propias creencias.

Al trabajar con ella, hablamos sobre algunos puntos importantes. Las preguntas que le hice pueden ayudar a cualquier persona que esté actuando como una víctima de sus propios conceptos erróneos.

- ¿En realidad puedes protegerte del dolor permitiéndote vivir en el dolor en lugar de reconocerlo? ¿Es eso lógico?
- ¿Serías más feliz si tu angustia disminuyera o desapareciera por completo?
- ¿No crees que es mejor enfrentar las cosas que te lastiman y sanarlas que vivir con ellas todos los días, llevarlas hacia el futuro y correr el riesgo de transmitirlas a las generaciones futuras?

En nuestras sesiones, Mary respondió a estas preguntas, y de pronto se dio cuenta de lo ridículo que era aferrarse a su miedo. ¡Se vino abajo el muro de ladrillos! Ella se dio cuenta de que sus miedos y juicios negativos no le servían. Se desprendió de ellos cuando descubrió la verdad: la barricada le estaba costando su felicidad y su éxito, no los estaban creando. Ella descubrió una nueva forma de conseguir lo que deseaba; una forma que sí funcionaba. Decidió sanar su dolor, lo que ocurrió de manera natural cuando ella fue honesta consigo misma. Su sufrimiento se liberó, y ella sanó un patrón familiar disfuncional. Gracias a esto, muchas vidas mejoraron.

Mary continuó avanzando por este camino durante varios años. Ahora que todas las partes de su capacidad consciente estaban trabajando para apoyarla, pudo crear su seguridad financiera mediante varias inversiones, y llegó a ser una líder y una maestra más eficaz. Lo más importante fue que se convirtió en una esposa y madre ejemplar porque sabía actuar con honestidad, comunicarse, dar atención a otros y amarlos. ¡Mary fue valiente, audaz e inteligente! Sanar nuestros miedos y juicios puede parecer aterrador y desafiante, pero siempre vale la pena hacerlo.

Descubrir los conflictos

Además de los muros de ladrillos que construimos debido a tradiciones falsas y a conceptos erróneos, muchos de nosotros tendemos a tener pensamientos y comportamientos conflictivos. ¿Recuerdas a la familia Smith? Algunos de los Smith querían ganar más dinero, pero el sistema de creencias de la familia no apoyaba su éxito financiero. A nivel subconsciente equiparaban el hecho de ganar más dinero con tener un comportamiento vanidoso o malo. Los miembros de la familia que deseaban dinero también sentían la necesidad de ser amados y aceptados por sus parientes.

Si fuéramos miembros de la familia Smith, sería difícil incrementar nuestro ingreso en forma significativa porque al hacerlo perderíamos lo que más deseábamos: amor y aceptación. Pero por supuesto, el nivel de ingresos no tiene nada que ver con ser o no ser digno de afecto.

Cuando nos enfrentamos a conflictos, podemos estar seguros de que dentro de nuestros procesos de pensamiento hay temores que están haciendo que perdamos lo que más deseamos. Trabajando conmigo, Kim, una de mis clientas, identificó algunos de sus miedos relacionados con tener abundancia financiera, ya que su meta era ganar más dinero. Había trabajado mucho para desprenderse de cualquier creencia que le impidiera incrementar sus ingresos, pero su situación no estaba cambiando.

En una sesión, le pedí a Kim que se visualizara abordando un autobús lleno de gente, en el que cada pasajero representaba una parte diferente de ella misma. Ella describió a una variedad de personajes entre la multitud, y luego le pregunté: ¿Hay alguien ahí que no apoye tus esfuerzos para crear más riqueza?

De inmediato, ella dijo que en el interior de su mente vio a tres personas ponerse de pie y refutar su meta. Le pedí que llamara a estas partes de sí misma y les pidiera que explicaran sus objeciones. Ella escuchó cada respuesta y me dijo lo que observó: Escuchó que una parte de ella misma declaraba: "Es malo ganar dinero", y otra afirmó: "No eres suficientemente capaz para poder ganar más". La tercera dijo: "No quiero tener más dinero porque ganarlo significaría trabajo, y estoy cansada del trabajo".

De inmediato pude ver el conflicto que tenía Kim en lo relacionado con estas tres formas de alcanzar su meta. Seguí haciéndole preguntas sobre la visualización hasta que descubrimos más acerca de sus temores. En primer lugar, la parte de ella misma que pensaba que era malo tener dinero, dijo que temía que otros no la aceptaran si era rica. Le sugerí a Kim que creyera que esto es verdad: *No importa si los demás nos aceptan, siempre y cuando nosotros nos aceptemos a nosotros mismos.* Cuando nos aceptemos, los demás también nos aceptarán. Después de todo, esta es la ley de la cosecha: lo que expresas regresará a ti.

Luego le pregunté a la parte de Kim que pensaba que ella no era suficientemente buena para experimentar la abundancia por qué se sentía así, y mediante la contemplación, pude entender que ella se sentía indigna. No tenía tanto dinero como hubiera deseado, así que sentía que no había tenido éxito y que valía menos que otras personas. Ésta fue una completa paradoja; una parte de Kim no estaba dispuesta a recibir lo que ella creía que le ayudaría a sentirse mejor consigo misma. De nuevo, comenté que no importa lo que otros piensen de nosotros, sino sólo lo que nosotros pensemos de nosotros mismos.

Abordamos toda la autocrítica que mi clienta parecía tener, y al hacerlo, ella descubrió que era muy sentenciosa y que estaba frustrada. Traté de convencerla de que se aceptara y le pedí que observara sus numerosos éxitos para así liberarse de todas estas críticas. Le sugerí que si se amaba a sí misma y se desprendía de sus pensamientos de castigo, entonces tal vez sería suficientemente buena, y por lo tanto más capaz de crear lo que deseaba.

Al final, le hablé a Kim sobre la parte de sí misma que no quería trabajar y que prefería divertirse más. Le sugerí que hiciera la promesa de que introduciría más equilibrio en su vida, encontrando tiempo para divertirse todos los días. También le sugerí que se brindara apoyo en lo relacionado con ganar más dinero. Le expliqué que si permitía que esto pasara, tendría más tiempo para divertirse, ir de vacaciones e incluso pagarles a otras personas para que le ayudaran cuando ella tuviera sobrecarga de trabajo.

Es común estar en conflicto, y casi todas las personas lo han experimentado. Cuando no sabemos lo que queremos, podemos tener la seguridad de que de alguna manera no estamos seguros de lo que queremos. Como dice el dicho: "Si siempre haces lo que siempre has hecho, siempre obtendrás lo que antes has obtenido". Si encontramos que es difícil satisfacer nuestras necesidades, hay algo en nuestro interior (lo más probable es que sea un proceso de pensamiento o una creencia gobernados por el miedo) que necesita cambiar para que podamos crear una realidad diferente.

Después de trabajar conmigo, Kim entendió que su autoestima se relacionaba directamente con lo mucho que trabajaba y con cuánto dinero ganaba. Recordó que cuando era niña la felicitaban cuando se esforzaba mucho, aunque parte de este patrón era su propia decisión, porque se sentía mejor consigo misma cuando superaba sus metas. Trabajar arduamente es loable, pero tener poco tiempo para el esparcimiento no es sano; el equilibrio es necesario en todos los aspectos.

Relacionar su capacidad para hacer las cosas con su valía personal no fue un concepto que Kim haya provocado; sus padres apoyaban este punto de vista. Ambos habían luchado para buscar momentos de esparcimiento, y cuando lo lograban, temían estar haciendo algo incorrecto; creían que tal vez eran "malos" por relajarse.

Los sistemas de creencias de las familias siempre tienen un efecto negativo si nos impulsan a relacionar nuestra valía individual con cierta característica. Acabamos atormentándonos, y esto se refleja en críticas contra otras personas. Por ejemplo, si juzgamos que no tenemos éxito si no ganamos mucho dinero, también podríamos pensar que otros son un fracaso si no son ricos. Nuestros juicios nos llevan a criticar, lo que afecta la autoestima de personas que estimamos y refuerza una creencia negativa. Entonces nos vemos atrapados en un ciclo de ataques verbales que puede ser muy dañino para nuestro sentido de bienestar.

Aprender dónde buscar los conflictos

A veces otros reflejan ciertos juicios personales hacia nosotros. Esto normalmente ocurre cuando dos personas comparten la misma creencia negativa. Por ejemplo, digamos que Dan es uno de los socios de una empresa y comparte con Steve la creencia negativa de que uno debe tener dinero para tener éxito. Dan no gana tanto dinero como Steve, y como Dan tiene esta creencia, siente que tiene menos éxito que Steve y lucha para sentirse valorado cuando está cerca de Steve.

Supongamos que Steve gana mucho dinero y que también relaciona su valía personal con sus ingresos. Cuando está cerca de Dan, los mensajes que se envían uno al otro, tanto en forma verbal como no verbal, son críticos. Dan se siente molesto con Steve porque se considera inferior a él, y Steve actúa con severidad porque juzga a Dan y tal vez tema llegar a ser como él.

Por consiguiente, su relación será incómoda. Los dos oprimen constantemente los botones emocionales de su compañero. Tal vez Dan se relacione con otras personas que ganan mucho dinero, pero no se siente mal consigo mismo estando cerca de ellas, pero como Steve comparte sus creencias, él refleja los juicios que Dan emite con respecto a él. Y es probable que Steve tampoco se sienta bien consigo mismo en esos momentos. Como ambos tienen la misma idea negativa, luchan para ser amables, buenos amigos y colegas el uno con el otro.

Muy a menudo, es más fácil para nosotros captar las opiniones negativas de otros que ver las nuestras. Por eso si alguien te saca de tus casillas con sus opiniones, conviene que observes más de cerca para ver si están reflejando hacia ti un juicio similar o una suposición negativa.

Con mucha frecuencia, los pensamientos críticos fluyen por nuestra mente casi en forma inconsciente. Tal vez juzgamos la forma en que nuestros amigos, vecinos o seres queridos educan a sus hijos, cuidan su jardín, gastan su dinero, se comunican, limpian su casa, se encargan de su familia, y así sucesivamente. Al prestar atención a las evaluaciones que hacemos de otros (y la forma en que las ven los miembros de nuestra familia), podemos empezar a entender nuestras propias creencias negativas y nuestros miedos, y la forma en que nos impactan.

A veces juzgamos a otros porque pensamos que el hacerlo nos ayudará a sentirnos mejor con nosotros mismos. De hecho, siempre que nos precipitamos a sacar conclusiones sobre otra persona, somos víctimas de ese mismo juicio y es posible que acabemos viviendo en un ambiente de autodegradación y críticas. Estos pensamientos reflejan nuestros temores y refuerzan nuestras convicciones negativas. Si no llegamos a identificarlos, impedirán que recibamos amor y que podamos aceptarnos a nosotros mismos. Sin estos dos sentimientos clave, no podemos progresar hacia una actitud de interés genuino unos por otros, y no tendremos la capacidad de cambiar nuestras circunstancias y conseguir más de aquello que deseamos.

La buena noticia es que una vez que nuestros juicios y temores quedan al descubierto, pueden ayudarnos a comprender los requisitos que hemos establecido para nosotros mismos; pueden ayudarnos a descubrir qué parte de nosotros está en conflicto. Y cuando sanamos aquello que está en guerra en nuestro interior podemos alcanzar nuestras metas con mayor eficacia.

Conflictos matrimoniales

Hoy en día los expertos en relaciones maritales nos enseñan que inconscientemente atraemos parejas que tienen pautas de conducta y de pensamiento que encajan perfectamente con las heridas de nuestra infancia. En un esfuerzo por sanar al niño o a la niña lesionado(a) que hay en nuestro interior, tendemos a buscar personas que muestran el comportamiento de quienes nos cuidaron en la infancia. Uno de estos expertos, el Dr. Harville Hendrix, Ph.D. explica este concepto en su libro *Conseguir el amor que deseas [Getting the Love You Want]*. Enseña que la otra opción es el proceso de casarse con alguien que es para nosotros un reflejo de la parte de nosotros que hemos perdido.

Al saber esto, podemos ver que para sanar nuestro matrimonio es necesario que consideremos nuestras experiencias familiares y nos liberemos de cualesquier patrones disfuncionales que existan en ellas. Trabajé durante poco tiempo con una mujer llamada Jean, que estaba muy enojada con su esposo. Lo describió como un hombre fuerte, poderoso, iracundo y controlador; y se describió a sí misma como una mujer tranquila, flexible, bondadosa y gentil.

Nuestra conversación nos llevó a su infancia, donde ella descubrió una decisión importante que había tomado. Jean vivía en una familia que creía que era malo enojarse, y por lo tanto ella decidió que una buena persona evita los conflictos. En un esfuerzo por lograr que sus seres amados le dieran su aprobación, ella era obediente a la voluntad de otros y no expresaba sus opiniones. Además tenía miedo de expresar enojo y de compartir sus pensamientos. Siendo niña, decidió cerrar una parte muy poderosa de sí misma.

Después de recordar esa crucial decisión, Jean empezó a comprender cómo y por qué acabó con un esposo agresivo y de carácter fuerte. En su interior había sepultado a una niña que era exactamente igual a su esposo, y el comportamiento de él era sólo un reflejo de esa niña. Había llegado el momento en que Jean tenía que mirarse a sí misma; incluso tenía que mirar sus aspectos más ocultos. Hablamos de la necesidad de lograr un mayor equilibrio y de darse cuenta de que hay momentos en que lo apropiado es defender con firmeza lo que uno desea y expresar su opinión, y entender que no siempre es necesario mantener la paz.

A pesar de lo difícil que parecía el carácter del esposo de Jean, él en realidad llegó a ser un excelente maestro para ella. Cuando ella empezó a apreciar los puntos fuertes de su esposo y a sentir gratitud por las lecciones que estaba aprendiendo de él, empezó a notar un cambio en sí misma y en su matrimonio.

Como dije antes, la culpa es el proceso de cambiar nuestra concentración de nosotros mismos a otra persona. Cuando culpamos a otros y no asumimos responsabilidad por la parte que nos corresponde en nuestras relaciones, en esencia renunciamos a nuestro poder para crear nuestra vida exactamente como queremos que sea. Nos convertimos en víctimas de las personas que nos han lastimado u ofendido, y no tenemos mucho poder. Creo que la mayoría de los matrimonios pueden sobrevivir si cada cónyuge está dispuesto a echar una profunda mirada a su interior. Pero para hacerlo en realidad, el juego de culpar a otros debe llegar a su fin.

Una falsa ilusión que es muy común y que destruye a las parejas, es pensar que nuestra pareja es responsable de nuestra felicidad. Al ser miembros de la naturaleza humana, eso implica que cada persona en este planeta es imperfecta en cierta medida y no es capaz de amar de manera incondicional. Por lo tanto, sería imposible que alguien respondiera plenamente a nuestras necesidades, aunque deseara intentarlo. Esas altas expectativas no son realistas ni alcanzables, y llevan a la frustración.

Cuando las personas empiezan a sanar y a cambiar los patrones familiares, a menudo se ven tentadas a dejar a su pareja o a abandonar una relación. Aunque eso en ocasiones podría ser necesario, muchas veces no lo es.

Uno de los mitos relacionados con el divorcio es la idea de que disolver el matrimonio tendrá como resultado circunstancias más favorables. Muchas personas que terminan con su pareja tienen grandes esperanzas de llegar a encontrar una pareja perfecta, pero en realidad, las estadísticas muestran que los segundos matrimonios tienen tasas más altas de divorcio que los primeros.[2] Las probabilidades de repetir el patrón de separarse se incrementan con cada divorcio.

Carl Gustav Jung, el distinguido psicólogo, dijo: "Un matrimonio rara vez, o quizás nunca, se desarrolla de tal manera que llegue a ser una relación individual sin escollos y sin crisis; la capacidad consciente no se alcanza sin dolor".

El matrimonio es un vínculo que une a dos personas y en forma espléndida nos permite la experiencia (por un camino pedregoso o por un camino sin obstáculos) de alcanzar una plenitud. Cuando trabajamos para sanar a las parejas que se están deteriorando, es clave entender los patrones familiares que existen en ambos cónyuges. Como sería casi imposible cambiar algo que no conocemos, sería casi imposible reparar un matrimonio sin tener una mejor comprensión de los convencionalismos subyacentes que podrían ser la causa de que la relación se haya deteriorado.

El verdadero gozo brota de vivir en plenitud, y una alianza sana es el resultado de llegar a estar bien como individuos en primer lugar. Cuando se piensa en el divorcio, es importante que primero tratemos de sanar como personas, antes de culpar a nuestra pareja. Llegar a una comprensión clara de nuestras intenciones inconscientes y de nuestras delicadas necesidades personales, nos ayudará a saber mejor qué queremos exactamente. Es más difícil crear estabilidad cuando no sabemos con claridad lo que deseamos o cuando las relaciones nos provocan conflictos debido a miedos subyacentes que se desarrollaron en el hogar de nuestra infancia. Muchas ansiedades podrían encontrarse dentro de nuestras percepciones, y podrían acabar con una floreciente relación íntima, si no estamos dispuestos a mirarnos más de cerca.

El Proceso

1. Estar consciente de lo que tu familia valora y no valora te dará más información sobre tus creencias limitadas y sobre los patrones que heredaste. Conforme te vuelves más y más consciente de la relación que existe entre tus juicios y tus valores, incrementarás tu capacidad para "escuchar entre líneas" y captar los mensajes subyacentes que envías a otras personas y que tu familia te envía a ti.

   Para iniciar el proceso, hazte estas preguntas: *¿Qué juzgo en otras personas? ¿Juzgo su apariencia, la forma en que se visten, el tipo de casa en que viven, el tipo de trabajo que hacen, su nivel de preparación académica, su posición social, su religión, etcétera?* Escribe una lista de los juicios privados que haces de las personas con quienes te relacionas, y hazlo con honestidad.

   Por lo general no nos gusta admitir que por nuestra mente pasan pensamientos críticos. Pero si actúas con franqueza, podrás experimentar grandes avances en lo relacionado con sanar tu historial familiar.

2. Lo siguiente en tu lista de juicios es escribir dónde se originó tu idea de pensar en esa forma. ¿Tu padre, tu madre, tus abuelos u otros familiares tenían esas mismas creencias? De ser así, escribe dónde aprendiste ese comportamiento.

   Si sientes que estos pensamientos se originaron en ti, hazte esta pregunta: *¿Cuándo, dónde y por qué decidí adoptar este tipo de punto de vista?* Tal vez en tu infancia decidiste que los gordos eran malos y que los flacos eran buenos, o tal vez decidiste que tener dinero era bueno o malo. Dedica el tiempo que necesites a explorar esas decisiones y luego hazte esta pregunta: *¿Tomé esta decisión en un momento en que sentía inseguridad o en que sentía que yo no merecía nada?* De ser así, anota lo que más temías en relación contigo mismo(a) cuando tomaste esa decisión.

3. Repasa la lista de creencias familiares que empezaste a hacer en el proceso que se encuentra al final del capítulo anterior. Añade las creencias nuevas que hayas identificado en las dos preguntas anteriores.

4. Ahora revisa toda tu lista de creencias familiares limitadas y pregúntate si brotaron a partir de un miedo. Por ejemplo: Digamos que tu madre se sentía rechazada por tu padre, y supuso que él la rechazaba porque ella tenía sobrepeso. Por consiguiente, empezó a preocuparse por ser delgada y te enseñó que la gente buena es delgada y que la gente mala es gorda. Como resultado, llegaste a ser sentencioso(a) en lo relacionado con las personas gordas.

   En este ejemplo, tus juicios brotaron del miedo de tu madre a ser rechazada. Aunque ella te enseñó a preocuparte por el sobrepeso, el temor subyacente verdadero era ser rechazada. Esta creencia podría crear la falsa ilusión de que al ser delgada una persona es aceptable. Poner al descubierto los temores que respaldan nuestros juicios, nos ayuda a conocer este tipo de ilusiones falsas; por lo tanto, escribe lo que descubres.

Capítulo Tres

Paso 3: Cómo supera el *Hechizo del Tiempo*

3

La película, *El Hechizo del Tiempo,* presenta la vida de un hombre, protagonizado por el actor Bill Murray, que despierta y vuelve a experimentar el mismo día una y otra vez. Al principio se siente frustrado por tener, una y otra vez, las mismas experiencias exactamente a la misma hora. Pero al paso del tiempo, perfecciona su día y aprende lecciones que hacen posible que siga adelante. Al final de la película el personaje de Bill Murray está muy agradecido por la información que recibió mientras se esforzaba por progresar.

Desprendernos de ciertos aspectos de nosotros mismos requiere que ampliemos nuestra capacidad consciente y entendamos algo nuevo. Cuando no lo hacemos, nosotros (y nuestras familias) vivimos nuestra propia versión del *Hechizo del Tiempo*. Si la fórmula para cambiar es tan fácil: *aprender la lección,* ¿entonces por qué es tan difícil transformar nuestra vida? ¿Por qué no corremos de un lugar a otro implorando que se nos dé información, tratando de descubrir más sobre nosotros mismos, y por qué no estamos dispuestos a mirar en lo profundo de nuestra conciencia para poder crear algo nuevo? ¿Por qué la mayoría de las personas viven su propia versión de un viejo programa de televisión y al parecer no pueden escapar del mismo episodio?

La razón primordial podría ser que el cambio rara vez es cómodo. Significa salir de espacios emocionales cómodos, sanar nuestros miedos y liberar el sufrimiento (lo que a menudo es nuestra mayor preocupación). Explorar nuestro corazón o cobrar conciencia requiere que comprendamos nuestros temores, que miremos el pasado y que sintamos nuestro dolor. Carl Jung dijo en una ocasión: "El crecimiento de la mente es una ampliación del ámbito de la conciencia, y… cada paso hacia delante ha sido un logro muy doloroso y laborioso".

Kathryn Black, autora de *Ser madre sin un mapa [Mothering without a Map],* escribe: "Examinar nuestra historia bien podría requerir que nos lancemos a lo profundo de aguas oscuras, pero al explorar esas aguas… podemos dejarlas atrás y así dejar atrás el miedo que ellas evocan".[1]

Muchas veces sabemos lo que necesitamos para alterar algo, pero no tenemos la menor idea de lo que necesitamos hacer, y entonces nos atemorizamos porque nos sentimos confusos. Como resultado, creamos resistencia al cambio. Cuando no modificamos nada, sin embargo, acabamos en un escenario del *Hechizo del Tiempo,* pues el ciclo del miedo y la resistencia se repite. Para acabar con esto, debemos tener fe en que el dolor es temporal y que pasará.

El tercer paso del proceso para sanar, que es el tema de este capítulo, te ayudará a desarrollar esa fe. También podría ser el paso que requiere del mayor esfuerzo, pues implica realizar los siguientes movimientos:

1. Salir de tu zona de confort y enfrentar tus miedos.
2. Trabajar para descubrir las necesidades que no se hayan satisfecho y las inseguridades emocionales que te estén impidiendo avanzar, y luego sanarlas mirando en tu interior.
3. Hacer el compromiso de dejar de jugar juegos y de manipular situaciones.
4. Luchar contra el impulso a estar siempre el control, reemplazando esa tendencia con la confianza en nosotros mismos.

Salir de tu zona de confort

Claude Bernard, psicólogo del siglo XIX, dijo en una ocasión: "El hombre no puede aprender nada a menos que avance de lo conocido a lo desconocido". En otras palabras, el crecimiento requiere que vayamos más allá de nuestras zonas de confort. Hace algunos años, una amiga compartió conmigo una historia que ilustra este concepto. No sé con seguridad si los hechos son reales o se originaron como una fábula, pero esta historia tiene un significado fantástico:

> Durante la Segunda Guerra Mundial, un hombre estaba preso en un campo de concentración. Violó una de las reglas y lo llevaron ante uno de los oficiales para recibir el castigo por su crimen. El oficial señaló una puerta negra y le dijo: "Tienes dos opciones. Puedes pasar por esa puerta que está a tu izquierda y enfrentar lo que hay al otro lado, o puedes enfrentarte a un pelotón de fusilamiento".

> El prisionero prefirió enfrentarse al pelotón de fusilamiento y murió.
>
> Un guardia que estaba cerca le preguntó al oficial: "¿Qué hay detrás de la puerta negra?".
>
> El oficial respondió: "La libertad". Hubo un momento de silencio. Después continuó: "Si alguien tiene el valor de enfrentarse a lo desconocido, merece la libertad". También señaló que a quienes se les había presentado esa opción siempre elegían el pelotón de fusilamiento.

¿Por qué lo conocido nos parece más seguro que lo desconocido? En mi opinión, la puerta negra representa enfrentarnos a lo que más tememos. Para muchos de nosotros, salir de nuestra zona de confort en ocasiones exige que pasemos por una puerta de ese tipo. Como la libertad es lo que deseamos por naturaleza, dar pasos de los que no estamos seguros es un requisito para obtener el tipo de felicidad que estamos buscando.

Aprender a no resistirnos

A menudo, las experiencias de la vida nos obligan a salir de los patrones de la familia (o de nuestra zona de confort) y a pasar por la puerta negra. Cuando esto pasa, tenemos dos opciones: podemos resistirnos, o podemos dar un paso al frente sin mirar atrás. He aprendido que cuando las circunstancias nos presionan para cambiar, siempre es más doloroso acobardarse.

Algo que ilustra esta verdad es una batalla que tuve con mi hijo hace algunos años. Una tarde se acercó a mí con una pequeña astilla en la mano, así que tomé unas pinzas y le expliqué que necesitaba sacarle la astilla. Estaba aterrorizado. Durante aproximadamente media hora, traté sin éxito de convencerlo para que se quedara quieto, pero al final lo sujeté y le saqué la astilla.

Su terror produjo cantidades extraordinarias de oposición contra una experiencia pequeña e insignificante. El asunto pudo haberse manejado con facilidad; sin embargo, como su miedo creó resistencia, lo que intensificó el dolor y el trauma, un momento que al parecer era insignificante, se convirtió en un drama. Lo mismo pasa con los patrones familiares a los que nos aferramos y que no queremos cambiar. Cuando tratamos de alejar de nosotros lo inevitable porque tenemos miedo de no estar cómodos, experimentamos una gran angustia.

Tal vez lo más importante que necesitamos entender es que nuestros comportamientos disfuncionales por lo general son parte de nuestras zonas de confort familiares. A veces estamos tan acostumbrados a rutinas desagradables que luchamos por conservarlas, simplemente porque las conocemos muy bien. Así como el hombre que se enfrentó al pelotón de fusilamiento, tendemos a elegir el dolor porque conocemos sus parámetros, y tememos que lo desconocido podría ser peor. Así que nos atoramos en situaciones negativas, y nos resistimos a alterarlas porque lo que es incómodo en realidad es cómodo; ¡una paradoja total!

De hecho, algunas personas no se sienten a gusto cuando tienen lo que desean, pues no están familiarizadas con la maravillosa sensación de tener una abundancia de bendiciones. Si en realidad deseamos hacer que nuestros sueños se vuelvan realidad, debemos considerar que necesitamos ir más allá de nuestras zonas de confort.

Consulta tu historia para sanar

Es interesante que trabajar con el historial de tu familia sea un buen sitio para empezar cuando estás a punto de superar los límites de tu zona de confort y embarcarte en el proceso de sanar. Has aprendido que los comportamientos negativos a menudo brotan de las tradiciones familiares, pero también es cierto que los comportamientos positivos tienen un origen similar. Estudiar nuestros antecedentes para impulsar el cambio puede ser doloroso, pero también puede ayudarnos a sanar. De hecho, la simple tarea de explorar el pasado trae consuelo a muchas personas, quienes luego usan ese sentimiento para liberarse de ciclos peligrosos y negativos.

Conocer el historial de tu familia te ayudará a entender tus orígenes y a crear un vínculo con ellos, lo que ayudará al grupo familiar a sanar colectivamente. Por esta razón, esta exploración es una forma poderosa e importante de unir a las generaciones del pasado con las del presente y las del futuro.

Quienes se involucran en una tarea de este tipo, encuentran grandes satisfacciones y mucho gozo al descubrir los nombres y las historias de aquellos que los precedieron. Algunos encuentran un legado de fama, y muchos descubren historias de tribulaciones. Es natural que conforme sabemos más sobre nuestros antepasados, nuestros corazones se sienten atraídos a ellos, y tengamos un mayor sentido de pertenencia. Muchas personas aseguran que crecieron espiritualmente al pensar en la posibilidad de la vida después de la muerte y de poder establecer contacto con sus seres queridos que ya se han ido. Este vínculo es el tipo de bendición que a menudo llegamos a estar dispuestos a buscar, aunque tengamos que salir de nuestra zona de confort y hacer unos cuantos cambios antes de poder sanar y empezar a manifestar el historial positivo de nuestra familia en lugar de reflejar lo negativo.

Descubrir necesidades e inseguridades emocionales que no se han satisfecho, y sanarlas a través del servicio

Una mañana recibí una llamada telefónica de una clienta que estaba luchando en su matrimonio. Después de hablar unos minutos, recordamos una conclusión a la que antes habíamos llegado. La relación no estaba respondiendo a sus necesidades. Más tarde ese día, tuve otras conversaciones con ella sobre el mismo tema, y descubrimos un denominador común: todas las personas, y también todas las familias, tienen necesidades insatisfechas.

Nuestros requisitos físicos son obvios: alimento, ropa y un lugar donde vivir. Necesitamos cuidado cuando nos enfermamos y siendo bebés necesitamos que se nos alimente, pero también tenemos una identidad emocional y espiritual. Muchas personas acaban en terapias, viven deprimidas o tienen una disfunción caótica; todas éstas son formas del *Hechizo del Tiempo*, hasta que finalmente empiezan a reconocer el importante papel que representan las necesidades emocionales que no se satisfacen y empiezan a superarlas. Es probable que incluso las personas que crecieron en hogares ideales hayan experimentado ocasiones en las que no recibieron el cuidado adecuado.

Cuando ayudo a mis clientes a descubrir las necesidades que no se han satisfecho, normalmente les sugiero que piensen en sí mismos como si fueran niños pequeños, y que luego se pregunten: *¿Qué decidió el niño que hay en mi interior sobre mí mismo y sobre mi mundo debido a que mis necesidades no fueron satisfechas?*

Aquellos de mis clientes que han respondido a esta pregunta, han descubierto una lista de creencias que resultan ser sus problemas clave, lo que les ayuda a ver muchos de los patrones de pensamiento de sus familias. Éstas son algunas de las respuestas que yo he escuchado:

- Sean, un hombre educado en una familia que tenía un historial de abusos dijo: "No soy un buen chico. Hay algo mal en mí. No soy capaz de conseguir lo que deseo. Me odio". Él estaba luchando para probar su valía en su carrera profesional y para dar y recibir amor en sus relaciones.
- Margaret, una mujer que fue educada por padres separados, dijo: "Siento como si me fuera a morir, como si no hubiera lugar para mí, como si no se me pudiera escuchar, como si no fuera importante. Siento que no recibo amor y que estoy indefensa; como si todo lo que sale mal fuera mi culpa". Estaba sufriendo de depresión.
- Joan, una mujer de mentalidad religiosa que creció en un hogar ideal, sorprendentemente respondió: "Decidí que no soy suficientemente buena. Me siento abandonada, solitaria, y que tengo que hacer todo por mí misma. Siento que nadie me ama

porque no soy perfecta". Joan se había divorciado y vivía sola. A lo largo de su vida había estado luchando con un patrón de perfeccionismo.

- Tom, un hombre educado por una familia de clase media que trabajaba arduamente, dijo: "Decidí que tenía que trabajar mucho para satisfacer mis necesidades. Creía que cuanto más arduamente trabajara, estaría mejor. Pero luego un día mi padre me dijo que no importaba lo duro que yo trabajara, porque nunca habría suficiente dinero para responder a mis necesidades. Como resultado, decidí que sin importar lo que hiciera, nunca tendría éxito". Este comentario fue información muy poderosa. A lo largo de su vida, Tom había experimentado luchas en su trayecto hacia la libertad económica y hacia grandes logros.

  Tom era un hombre que había trabajado muchísimo para alcanzar el éxito profesional, pero tristemente parecía fracasar una y otra vez. Pudo darme una anécdota tras otra sobre lo mucho que trabajaba y como, a pesar de sus asombrosos esfuerzos, se quedaba sin un centavo, sin reconocimiento y sin un éxito que pudiera considerar suyo. Esto era el resultado directo de las creencias que había generado en su infancia. El padre de Tom creía en lo que él le estaba enseñando a su hijo, y su abuelo también tenía las mismas creencias. Éste era un patrón de pensamiento familiar que era disfuncional.

Al igual que Tom, Joan, Margaret and Sean, descubrir nuestras necesidades insatisfechas y luego desprendernos de las creencias clave que brotan de ellas, nos permite conseguir más de aquello que deseamos. Y en el caso de Tom, fue la manera en que venció un patrón familiar negativo.

Superar las inseguridades emocionales

Para otras personas, los patrones familiares pueden superarse sólo cuando la persona se enfrenta a sus inseguridades económicas. Trabajé con un hombre rudo y fuerte que se llamaba Oliver, a quien no le gustaba venir a verme. En primer lugar, no quería que nadie se enterara que estaba recibiendo asesoría de una consejera. Además, estaba aterrorizado de su pasado, aunque no estaba dispuesto a admitirlo.

Temía inconscientemente que una de sus visitas conmigo hiciera que él se remontara a la fuente de sus problemas, y no quería que eso sucediera. Quería probar que él podía cambiar por sí mismo, sin mirar su pasado. Estaba convencido de que su sistema de creencias estaba bien y que no había nada que él necesitara poner al descubierto o resolver.

En su niñez, Oliver sufrió abusos y descuido por parte de su madre. Como comúnmente sucede en estos casos, siendo niño él había decidido que seguramente era malo, de lo contrario, su madre habría sido más cariñosa con él. No sólo sentía que su madre lo rechazaba por la forma en que ella lo trataba, sino que él también seguía rechazando al niño que estaba presente en su interior, pues suponía que él no era bueno, y le era imposible amarse a sí mismo.

Inconscientemente, Oliver temía poner al descubierto la herida de su infancia. Como adulto, proyectaba una imagen poderosa y superior, pero su niño interior se sentía pequeño y malo. Él no quería que nadie viera lo terrible que era, así que protegía su herida con negación y con un exterior rudo.

Aunque era un hombre poderoso, tenía relaciones enfermizas. Era crítico, intimidante y frío; estaba inmerso en una batalla constante para obligar a otros a ver lo poderoso y capaz que era. Oliver era controlador y le era muy difícil mostrar cariño a su esposa y a sus hijos. En su interior, se sentía fuera de control y, por consiguiente, sufría de depresión, pero no estaba dispuesto a admitirlo.

En un esfuerzo por protegerse, Oliver ocultaba su dolor, y conscientemente olvidó gran parte de su infancia. Las demás personas no se daban cuenta de que él estaba sufriendo, y aunque él no podía reconocer lo profundo de su sufrimiento, llegó un momento en que su vida se volvió tan disfuncional y tan caótica que se vio obligado a reconocer que había un problema. Él vivía en su propio *Hechizo del Tiempo,* repitiendo sus patrones negativos hasta que se presentó la crisis: Su esposa lo amenazó con divorciarse. Esto lo motivó a considerar la posibilidad de hacer algunos cambios.

En cada una de nuestras sesiones, Oliver renuentemente profundizaba en su pasado y examinaba antiguos sentimientos, ideas y creencias. Se requirieron algunos años de sesiones esporádicas para que él iniciara su metamorfosis, pero cuando lo hizo, la transformación en su persona y en su familia, fue profunda. Mediante el proceso de sanar su pasado, Oliver creó una vida nueva.

Liberó a su niñito interior y finalmente se dio a sí mismo el amor y la aceptación que necesitaba y que merecía. El cuidado que tuvo por sí mismo y la felicidad que empezó a experimentar se extendieron a otros ámbitos, y él llegó a ser un padre amoroso, un esposo compasivo y un líder considerado y más eficiente en su trabajo.

Al igual que Oliver, muchos de nosotros estamos cómodos con nuestros escenarios del *Hechizo del Tiempo,* hasta que nuestros seres queridos nos obligan a ver las cosas de diferente manera. Estamos familiarizados con la incomodidad de nuestra vida presente y la consideramos fiable, sin importar lo disfuncional que pueda ser. A menudo nosotros, o nuestros seres queridos, preferiríamos no cambiar.

Además, muchos de nosotros sabemos que cuando estamos sanando nuestro historial familiar y sanándonos a nosotros mismos, las cosas empeoran antes de mejorar. Quizás sea difícil enfrentarse a esta agitación emocional. Puede compararse con limpiar los armarios de la casa: sacamos todo y se produce mucho desorden, en ocasiones nos tardamos varios días en volver a poner las cosas en su lugar. Pero cuando terminamos, tenemos más orden que antes. Además, eliminar algunas cosas casi siempre es parte del proceso de limpieza emocional.

Ésta es otra forma de pensar en este difícil trayecto: Hace muchos años, justo después de las vacaciones de Semana Santa, percibimos un olor muy desagradable en la habitación de mi hija. Después de limpiar por todos los rincones, de lavar las sábanas, la ropa y las paredes; y después de limpiar todo con Lysol, me di por vencida y supuse que había un ratón muerto en la pared o en el ático, arriba de la habitación. Pero antes de que mi esposo empezara a derribar el techo, decidí revisar todo una vez más. Cuando abrí el cierre de una de las bolsas de una vieja maleta que estaba en el fondo del armario, encontré a los culpables del mal olor: ¡huevos cocidos decorados como huevos de pascua que se habían podrido! Esta pequeñita no tenía idea de que los huevos se podrían. Quería conservar sus preciados tesoros por siempre, así que los había guardado en un lugar secreto.

En caso de que se te haya olvidado, permíteme recordártelo: los huevos podridos huelen muy mal. No existe ningún aromatizante ambiental, ningún incienso, ningún perfume que pueda ocultar ese olor; pasa lo mismo con nuestras creencias disfuncionales limitantes. Tal vez las hayamos ocultado inocentemente en una maleta "emocional" en el interior de nuestro subconsciente. ¿Cómo supe que tenía que buscar algo putrefacto en la habitación de mi hija? El mal olor me guió. ¿Cómo sabemos que tenemos que buscar suposiciones y procesos de pensamientos putrefactos que echan a perder nuestra vida? Nuestras realidades incómodas nos guían a ellos.

Cuando no limpiamos nuestros armarios emocionales y cuando no somos honestos con nosotros mismos en lo que concierne a nuestras emociones, los problemas malolientes podrían afectar en forma incómoda las vidas de otros. Nuestra renuencia a cambiar podría contribuir al divorcio, al fracaso de una relación, al abuso, al descuido, al alcoholismo, a la infidelidad, y a muchas otras cosas. Cuando tenemos creencias profundas de indignidad que se dejan sin resolver, nuestra tendencia natural es concentrarnos en nosotros mismos. Si dirigimos nuestra atención a sanar nuestro corazón y a limpiar el desorden de nuestra vida, la honestidad con que miremos hacia nuestro interior puede ser útil y productiva. Cuando reparamos nuestros sentimientos clave a través del amor, sentimos más afecto hacia nosotros mismos, lo que limpia nuestra vida y nos da la capacidad de amar y servir a otros.

El poder del servicio

Albert Einstein escribió en una ocasión: "Sólo una vida que se vive para otros es una vida que vale la pena". Después de trabajar contigo mismo, sanando tus males emocionales y descubriendo las necesidades que no has satisfecho, la forma más rápida de avanzar y descubrirte como una persona más feliz, es dirigir tu atención hacia otros. La satisfacción a menudo se mide por el servicio que prestamos libremente; muchas personas aseguran que la ruta hacia la felicidad se relaciona con acciones generosas de bondad y amor. Mi esposo, y muchas otras personas, han descubierto que cuando uno está luchando con sentimientos de baja autoestima, entregar un servicio a otros hace que cambie su estado de ánimo y que se eleve su autoestima. Es más, han descubierto que muchos de los problemas que abruman su mente se resuelven al instante cuando dan a otras personas una ayuda amorosa.

Cuando nuestra vida es altamente disfuncional es más difícil para nosotros dar, pero a medida que sanamos, tenemos mayores oportunidades de ofrecer una mano para levantar y ayudar a quienes lo necesitan. Ayudar y levantar a otros a menudo requiere que tengamos un nivel más alto, que seamos más fuertes y más estables para que podamos brindar apoyo a nuestros semejantes, familiares y amigos que están luchando.

Al concentrar nuestra atención fuera de nosotros mismos, en forma milagrosa encontramos que nuestras necesidades quedan satisfechas. Ésta es otra paradoja del universo: Nos llenamos en la medida en que miramos hacia fuera. Alcanzamos la plenitud dando, sirviendo y amándonos unos a otros.

Si no nos concentramos en sanar nuestro corazón y optamos por seguir el camino del egoísmo, podríamos pasar toda una vida compadeciéndonos de nosotros mismos, nunca sentiríamos que tenemos valía como personas y actuaríamos en forma egoísta hacia nuestros familiares y amigos. Tal vez no seríamos capaces de servir y amar a nuestra pareja, de concentrarnos en las necesidades de nuestros hijos o de nuestros familiares, ni podríamos interesarnos honestamente en nuestros amigos y en nuestros compañeros de trabajo. Con toda seguridad caeríamos en estados depresivos a medida que nos retraemos a nuestro interior y alejamos a los demás de nosotros.

Sin embargo, cuando en realidad cuidamos de nosotros mismos, tenemos mucho que compartir. Nuestra valía individual se manifiesta cuando damos nuestro tiempo, nuestro afecto e incluso nuestro dinero con generosidad. El mundo necesita amor, y si tenemos en nuestro interior un verdadero sentido del amor, podremos prestar incontables servicios a nuestros semejantes.

Reconocer que los juegos de manipulación no funcionan

Es posible que en el proceso de sanar debas superar algunos obstáculos; incluso después de salir de tu zona de confort y de enfrentarte a tus necesidades insatisfechas. Esto ocurre porque cuando no conocemos otra manera de obtener lo que deseamos, nos involucramos en juegos. El cambio es difícil, así que en ocasiones recurrimos a métodos más fáciles para obtener amor o atención. Estos juegos, o manipulaciones, a menudo empiezan en nuestra infancia como una forma inocente de captar la atención de otros. Por ejemplo, un niño podría fingir estar enfermo para que su padre o su madre le presten atención.

Tristemente, algunos adultos actúan de manera similar por razones parecidas, que se basan en una noción inconsciente de que el hecho de sentirse mal le da a uno el derecho de exigir amor. Tuve una clienta que tuvo esta creencia durante su infancia, y por consiguiente, toda su vida estuvo enferma en un esfuerzo por conseguir el amor de su familia.

Es posible que en un pasado remoto uno de sus antepasados haya iniciado este juego. Mi clienta era descendiente de una mujer que fue doctora, y se cree que esta tatarabuela desarrolló su autoestima sirviendo a otros. De manera inconsciente, impulsó a sus familiares a estar enfermos para que ella pudiera rescatarlos; en esta forma dio validez a su autoestima. Mi clienta fue una de muchos miembros de esta familia que vivieron con enfermedades crónicas. Su madre y sus hermanos también se involucraron en este juego.

De hecho existen recompensas cuando se crea un juego manipulador que utiliza la enfermedad para satisfacer una variedad de necesidades. Con el fin de protegernos, nuestra mente subconsciente puede ponerse creativa y organizar algo negativo (una enfermedad) de tal manera que parezca positivo (recibir amor), aunque esto sea muy costoso. El Dr. Bernie Siegel, en su libro *Amor, medicina y milagros [Love, Medicine and Miracles]*[2] señala que en ocasiones la enfermedad puede ser una excusa para rechazar tareas, deberes o trabajos no deseados. Puede permitirnos ignorar nuestras responsabilidades o tomar un descanso que en otras circunstancias no podríamos permitirnos, y también puede servirnos como excusa para nuestros fracasos.

A veces, esto nos proporciona el tiempo para hacer algo que siempre habíamos deseado intentar. Por ejemplo, ser enfermizos nos permite dedicar tiempo a reflexionar, a meditar y a trazar un nuevo curso de acción. Cuando estamos enfermos, a veces es más fácil pedir y aceptar amor, expresarnos o ser honestos en relación con algo.

Pero es posible que, cuando somos capaces de darnos cuenta de nuestro juego, no necesitemos una enfermedad que nos permita conseguir lo que deseamos o necesitamos. Por el contrario, podemos reorganizar nuestras prioridades y hacer cambios. Podemos decidir conscientemente que vamos a dedicar varios días a concentrarnos en nosotros mismos sin usar una enfermedad como excusa.

Durante un seminario que organicé sobre la manipulación en las relaciones, conocí a Sherrill. Ella levantó la mano y se quejó de la necesidad que tenía su ex esposo de controlarla a través de las finanzas. Lo describió como un hombre manipulador y tacaño, e insistió en que él jugaba con su dinero. Por otra parte, se describió a sí misma como una mujer bondadosa y generosa, asegurando que le gustaba compartir y no se preocupaba por recibir algo a cambio. Insistía en que ella no controlaba a nadie financieramente y me dijo que su ex esposo tenía mucho dinero y que ella tenía muy poco. Era evidente, por su tono de voz, que ella estaba juzgando al ex esposo en lo relacionado con este tema.

Respondí a los comentarios de Sherrill sugiriéndole que sería conveniente considerar la forma en que su propio comportamiento pudiera estar haciendo que algo se reflejara hacia ella. Le pedí de manera específica que analizara sus creencias más profundas (ante todo los patrones familiares) relacionados con el dinero. Le expliqué que posiblemente su ex esposo tenía esas mismas creencias; pero que sus respuestas a ellas podrían ser diferentes.

Como normalmente nos sucede a todos, a Sherrill se le facilitaba más señalar los juegos de su ex esposo que darse cuenta de sus propios juegos. Ella dijo que él tenía ideas muy profundas sobre la autoestima, y que para compensarlas trabajaba arduamente con el fin de ganar mucho dinero. Tener una fortuna le ayudaba a sentirse poderoso e importante. Lo triste era que, a pesar de lo mucho que él se esforzaba, el capital que acumulaba nunca satisfacía su necesidad emocional de amor y aprobación. Su juego lo metió en un ciclo interminable y destructivo de parecer egoísta y sentir que no valía nada. Al parecer, su comportamiento era un patrón que él había aprendido de su familia.

Después nos concentramos en Sherrill. Un examen minucioso nos ayudó a entender que sus necesidades insatisfechas y sus miedos eran exactamente iguales a los de su ex esposo. Ella también sentía que no valía nada, que no tenía poder y que no era importante. Su respuesta, por otra parte, era renunciar a su riqueza dándosela a otros para recibir de ellos aprobación y lograr que la consideraran importante. Pero sin importar cuánto dinero donara, ella nunca podía llenar su vacío interior. Su motivo egoísta para ser generosa no hacía que se sintiera mejor; de hecho, hacía que sintiera que valía menos que los demás y que no era importante. Nuestra conversación le ayudó a ver cómo estaba proyectando una imagen de desamparo financiero, lo que hacía que pareciera ser una víctima que necesitaba ser rescatada.

Cuando Sherrill intentaba prestar un servicio, su intento no era honesto. Ella nunca daba sin esperar recompensa. (Ése es un elemento clave del servicio: dar gratuitamente, debemos dar sin exigir nada. De lo contrario, nuestros esfuerzos acaban siendo una manipulación.) El ex esposo de Sherrill sentía que ella lo controlaba con su constante necesidad de dinero, lo que en realidad era una súplica de amor, y a él le molestaba mucho que ella lo manipulara en el campo de las finanzas.

Todos hemos tenido la experiencia de volver a un lugar de nuestra infancia: un patio de juegos o una escuela primaria. Esto incluso ocurre cuando vemos las fotos de un álbum. La diferencia de nuestro punto de vista adulto cuando nos remontamos al pasado es asombrosa. Lo que antes parecía aterrador, enorme y amplio, ahora podría parecernos amigable, pequeño y angosto. Recuerdo cuando regresé a la Escuela Primaria Stenwood, en Viena, Virginia, después de vivir muy lejos de ahí durante muchos años. Imaginaba que los corredores serían amplios y altos, pero lo que encontré fueron corredores angostos y el edificio era tan pequeño que las autoridades del distrito se habían visto obligadas a construir alas nuevas para responder al incremento de estudiantes. De manera similar, he tenido clientes que me hablan de las resbaladillas o toboganes de los parques que en sus recuerdos parecían muy altos, pero que cuando volvieron a verlos siendo adultos, se dieron cuenta de que eran muy pequeños.

Los juegos que jugamos como familias y como individuos, y que parecen satisfacer nuestras necesidades normalmente tienen su origen en la juventud, y parecen ser válidos hasta que se les examina con un enfoque lógico. Cuando se les somete a un escrutinio, casi siempre es obvio que muchas percepciones de la infancia son limitantes.

Cuando empezamos a usar la manipulación para satisfacer nuestras necesidades, hacemos que sea muy difícil cambiar, pues una parte de nosotros cree que el juego funciona, así que nos aferramos a él. Pero cuando dejamos al descubierto los errores que contiene y entendemos las razones por las cuales actuamos en esa forma, en realidad podemos liberarnos de estos juegos. Pero mientras no nos desprendamos de ellos, consideramos que es difícil transformar nuestra vida.

Renunciar al control y desarrollar confianza

Para muchos de nosotros que estamos tratando de sanar, un obstáculo final que nos impide superar el *Hechizo del Tiempo* es la necesidad de ejercer control sobre otras personas y situaciones. Normalmente lo hacemos porque tememos lo que sucederá si no tenemos todo bajo nuestro control. Por supuesto, a la mayoría de las personas no les agrada recibir órdenes, así que es natural que surjan conflictos pues la gente lucha por estar al mando, y los demás la atacan para evitar que lo logre. Al final, quienes intentan gobernar a otros se sienten fuera de control y por lo general acaban siendo desdichados.

Durante un fin de semana en que salí con mi esposo, observé a un hombre que estaba esperando frente al mostrador de la aerolínea. Estaba tenso e irritado porque su vuelo venía retrasado. Supuse que su enojo era una reacción secundaria de su miedo, lo que normalmente es el caso. Pude ver que probablemente temía que llegaría tarde a su destino final. Para compensar ese temor, empezó a intentar controlar la situación y se agitó mucho cuando se dio cuenta de que él no podía hacer nada para controlar el horario de su vuelo. Su histeria emocional lo hundió en una experiencia de ansiedad, y su frustración creció cuando su enojo empezó a afectar a las personas que tenía cerca. Se sintió fuera de control, al igual que muchas otras personas que trataron de ayudarlo.

Noté que al final abordó su vuelo, y creo que posteriormente llegó a su destino, ya que no escuché ninguna noticia de accidentes aéreos ese día. Supuse que gran parte de su estrés fue innecesario, pues su intento por controlar el mundo externo fue lo que en realidad hizo que se trastornara. Y creo que sus temores no eran tan importantes como la energía emocional que perdió, tratando de hacer que las cosas resultaran como él quería. Aunque hubiera perdido su vuelo de conexión, como nos ha pasado a muchos de nosotros, es poco probable que el resultado final fuera tan dramático como lo fueron sus reacciones en el aeropuerto.

Como dije antes, siempre que sentimos miedo, de inmediato sentimos la necesidad de controlar nuestro entorno, nuestras relaciones, nuestros hijos o incluso a nosotros mismos. Perdemos mucha energía en el proceso, y algo que tal vez es más importante, nos alejamos más y más de experimentar el gozo y el contacto que sentimos cuando somos capaces de amar a otros y confiar en ellos.

Aunque queremos sentir que tenemos el poder de regir el curso de nuestra vida y de manejar con eficacia nuestra conducta individual, el querer controlar nunca funciona; y los miedos son igualmente falsos. Cuando intentamos actuar como dictadores hacia otras personas y situaciones, no mostramos tener confianza en ellas. El muro de ladrillos de mi marido, por ejemplo, era un método que él usaba para protegerse del dolor de la derrota. Pero mientras lo conservó, no tuvo el poder para crear lo que deseaba, y por consiguiente sentía que él era un fracaso.

La confianza y la fe son los antídotos de los problemas relacionados con el control porque nos ayudan a eliminar los obstáculos que bloquean nuestro camino. En lugar de preocuparnos porque nuestros seres queridos van a fracasar, podemos creer que tendrán éxito, aunque tal vez parezca que podrían no tenerlo. En lugar de temer que las situaciones no nos favorecerán, podemos tener confianza de que las cosas resultarán muy bien. Al poner nuestra energía en la confianza y en la fe, en lugar de ponerla en el miedo, podemos ser felices, sentirnos fuertes y apoyarnos a nosotros mismos y a otros. Podemos evitar el estrés, teniendo la esperanza de que al final todo se sumará a nuestro favor; y la verdad es que lo hará.

En una ocasión trabajé con una mujer llamada Elizabeth y con su hijo Don, que estaba luchando para tener amigos en la escuela primaria. A menudo se sentaba solo en el patio durante el recreo. La familia era obsesiva en lo relacionado con las reglas y los horarios, y tenía la creencia de que "los entornos que se controlan de forma estricta producen libertad". Aunque Don era un niño, se apoyaba en una rutina rígida para sentirse seguro. Como su zona de confort estaba limitada a situaciones predecibles, no se sentía seguro en el intercambio social no estructurado.

Su vida social era algo que él había aprendido; y su madre funcionaba de manera similar. Aunque sus creencias familiares no afectaban su vida social, su necesidad de sentirse segura en un entorno controlado le impedía disfrutar muchas actividades que eran espontáneas y divertidas. De hecho, Elizabeth rara vez participaba en actividades lúdicas, y prefería limitarse a una rutina rígida de trabajo arduo. También se sentía deprimida, no tenía amor por sí misma y estaba atorada dentro de una zona de confort muy retringida.

El instinto que tenía por controlar a su familia brotaba de experiencias intensas y aterradoras que había vivido de chica. Su padre abandonó a la familia cuando ella era niña, y su madre tuvo que educar a seis hijos sin ayuda de nadie. Elizabeth pasaba mucho tiempo sola en casa. Como era la hija menor, con frecuencia la dejaban sola cuando su madre salía a trabajar y sus hermanos y hermanas salían de casa. No sólo estaba sola físicamente, sino que se sentía sola en lo emocional, ya que su madre adoptó una actitud distante después de que su padre abandonó a la familia.

Elizabeth deseaba ser amada y protegida, pero en esas circunstancias, se sentía abandonada y descuidada. Prometió nunca abandonar a su familia y exageró las reglas y estructuras. Ella hubiera querido que el hogar de su infancia hubiera sido seguro y estructurado, pero como no lo fue, creó un hogar de ese tipo en su vida adulta; no sólo para sus hijos, sino también para sí misma. A nivel inconsciente, sus hijos le recordaban a la niñita que estaba en su interior y que tenía miedo de estar sola. Por consiguiente, estaba aterrada de dejar que sus hijos crecieran y siguieran su camino.

Aunque Don no había sufrido traumas a nivel personal, mientras los temores de su madre persistieran, él seguía sintiéndose inseguro, inestable y atorado. Los sentimientos de Elizabeth, y el hecho de que Don los adoptara, hacían que ambos lucharan para madurar, que ambos necesitaran ejercer control para sentirse seguros y sufrieran conflictos relacionados con el cambio, el control y la libertad. Cuando Elizabeth se desprendió de la ansiedad de su infancia, su hijo pudo liberar muchos miedos y tener más confianza en sí mismo. Los dos trabajaron juntos para sanar estos patrones familiares, y al hacerlo, empezaron a disfrutar viviendo más felices. En especial, las relaciones escolares de Don mejoraron, y empezó a contar con la amistad de los demás niños en el patio a la hora del recreo.

Aunque dentro de un entorno controlado puede encontrarse cierta seguridad, cuando un miedo tremendo nos atrapa y nos obliga a necesitar controlar a otros, a la situación, o a nosotros mismos, no podemos avanzar, y no podemos experimentar una verdadera sensación de libertad o de gozo.

El Proceso

1. Antes ya respondiste a la pregunta: *¿Qué es lo que más deseo en la vida en este momento?* Dedica un minuto a confirmar que lo que piensas que deseas es en realidad lo que deseas. Por ejemplo, si escribiste que deseas más dinero, pregúntate: *¿Por qué? ¿Qué creo que obtendré al tener dinero?*

2. Durante un seminario, un cliente me dijo que su mayor deseo era comprar un rancho. Le pregunté qué pensaba él que le daría ese rancho, y me dijo: "Libertad". Una mujer que estaba sentada en la primera fila sonrió, levantó la mano y explicó brevemente que tener un rancho no le da libertad a nadie. Ella había crecido en un rancho y sabía que un rancho tenía muchas exigencias e implicaba una gran responsabilidad, lo cual ataba mucho a las personas. Mi cliente quería independencia, no un rancho. El rancho sólo era un símbolo de su idea de este ideal. Si él llegaba a encontrar en su interior un sentido de liberación, probablemente disfrutaría tener su propio rancho. Pero si nunca lo encontraba en su interior, su situación externa no tendría importancia, porque él no podría tener lo que en realidad deseaba.

   Explora tus deseos en este momento, y busca a profundidad. Establece qué es lo que en realidad deseas más.

3. Ahora hazte esta pregunta: *¿Cómo debo actuar para obtener lo que sueño?* Si decides que lo que deseas

es más amor (o un sentido de amor a ti mismo), analiza las formas en que tratas de obtenerlo. ¿Utilizas comportamientos adictivos para que te ayuden a sentirte mejor? Algunas personas comen o tienen relaciones sexuales para sentir que alguien se preocupa por ellas, mientras que otras se concentran en conseguir la aprobación de los demás. Se preocupan por su apariencia, por la ropa que usan, por el trabajo que desempeñan o por sus relaciones sociales. ¿Te apoyas en la aprobación de otros porque no te amas lo suficiente? Escribe tus respuestas.

4. A continuación, hazte esta pregunta: *¿Es eficaz mi método para satisfacer mis necesidades? ¿Funciona?* Explora la forma en que tus comportamientos tienen o no tienen éxito. Al final, debes considerar si tus métodos de conseguir lo que deseas te están ayudando a acercarte a tu meta.

5. Aunque es posible que no te agraden tus circunstancias presentes (o sea vivir sin lo que más deseas), identifica las razones por las que tu situación "incómoda" es en realidad cómoda de una u otra forma. Por ejemplo, tal vez deseo ganar más dinero sin trabajar demasiado, pero tal vez esté cómoda dedicando horas a trabajar y luchando en lo financiero porque me siento bien conmigo misma cuando tengo que trabajar para conseguir lo que deseo. O tal vez deseo amarme más, pero me siento cómoda con mis comportamientos adictivos porque enmascaran mi dolor, y por lo tanto no

quiero cambiar. Haz una lista de *tus* comodidades falsas.

6. Échale una mirada a tu pasado. Por favor revisa tu respuesta a la pregunta que te hice antes en este capítulo: *¿Qué decidí sobre mi vida y sobre mí mismo cuando mis necesidades no fueron satisfechas siendo niño?* Tus respuestas te ayudarán a identificar tus creencias más profundas. Cuando yo exploré esta pregunta, me di cuenta de que había desarrollado la creencia de que yo era mala y los demás eran buenos. Supuse que todas las demás personas en mi mundo parecían tener satisfechas sus necesidades, pero como eso no me pasaba a mí, algo tenía que estar mal en mí. Considera la forma en que tus creencias se correlacionan con los patrones de tu familia. ¿Es posible que tus padres o tus abuelos compartieran tus ideas? De ser así, ¿algunas de estas suposiciones son patrones familiares limitantes? Escribe notas al hacer este ejercicio.

7. Finalmente, toma un momento para meditar. Visualiza que sacas toda la energía que existe entre tu persona y lo que más deseas, dale forma y dale color. Mira de cerca la imagen en el interior de tu mente. Pregúntate: *¿Cómo deseo conservar esta forma?* Haz una nota mental de tus respuestas, y luego pregúntate: *¿Cómo este obstáculo me ayuda a satisfacer mis necesidades?* Usa tus respuestas para ayudarte a determinar cómo el objeto parece falsamente conseguirte lo que deseas. Examina cómo la forma en realidad impide que sigas adelante.

Cuando estés listo(a) para desprenderte, visualiza de nuevo la forma. Observa en el interior de tu mente cómo la imagen se proyecta hacia la luz del sol, dónde explota y se transforma en energía positiva. Si una parte de ti desea aferrarse a ella, o si ves que el objeto regresa, pregúntate una y otra vez cómo parece ser útil falsamente. Cuando dejes al descubierto todas las falsas ilusiones, es natural que desees liberarlas. Esto te ayudará a superar el *Hechizo del Tiempo* y a avanzar hacia los días que vendrán después.

Capítulo Cuatro

Paso 4: Encontrar el tesoro

4

La estatua de oro de Buda más grande del mundo, que tiene una antigüedad de más de 700 años, pesa aproximadamente 5.5 toneladas y tiene un costo aproximado de 14 millones de dólares. En una ocasión se ocultó y su verdadero valor permaneció en secreto durante mucho tiempo. Esta estatua tiene una historia interesante: El Buda de Oro, como se le conoce, se fundió en Tailandia en el siglo XIII. En cierta época se le cubrió con yeso (posiblemente para tratar de ocultar la valiosa estatua de ladrones y saqueadores), pero la cubierta estaba tan bien hecha que al parecer todos olvidaron lo que ocultaba. El Rey Rama III ordenó que la estatua cubierta de yeso se trasladara a Bangkok y se colocara en un templo; al paso del tiempo, este sitio fue descuidado y más tarde se abandonó por completo, aproximadamente en 1931.

La verdadera naturaleza de esta escultura no se descubrió sino hasta que se llevó a su ubicación actual en Wat Traimit en 1955. Cuando la estaban preparando para el traslado, parte del yeso se desprendió, revelando el oro que había debajo. Los obreros quedaron asombrados por lo que acababan de descubrir.

Al igual que el Buda de Oro, nuestra verdadera naturaleza en ocasiones está oculta e incluso llega a olvidarse por completo. A veces se oculta por buenas razones; por ejemplo, podemos crear aspectos exteriores falsos para protegernos. Pero al final, estas fachadas sólo evitan que otras personas (y nosotros mismos) reconozcan nuestro verdadero valor.

No obstante, la vida tiene formas de desprender el yeso. Aunque tal vez parezca que los tiempos difíciles nos causan daño, las experiencias desafiantes podrían iniciar un proceso que revela nuestro interior de oro. ¿Y no es mejor para todos que nuestro verdadero valor se pueda ver? Ser honestos sobre quienes somos en realidad nos permite conocer nuestros tesoros.

El Paso 4 del proceso de sanar te ayudará a averiguar quién eres en el fondo. Puedes desprender la cubierta de yeso al encontrar el aspecto valioso de la oposición, al transformar las debilidades en fuerza, al superar el comportamiento que se basa en la codependencia, al aprender a perdonar, y al estar dispuesto a cambiar tus opiniones si es necesario.

La oposición lleva al crecimiento

En una ocasión, un escritor anónimo dijo: "La gente no envejece. Cuando deja de crecer, se vuelve vieja". El universo está hecho de materia que a la larga se deteriora. Se combinan elementos diferentes para formar realidades opuestas, y a pesar de nuestros esfuerzos por sanar y recuperarnos, algo le falta al proceso. Envejecemos porque no podemos mantener la velocidad a la que necesitamos repararnos o sanar.

¿Alguna vez has conocido a una persona mayor que parece más joven, que todavía tiene sed de conocimiento, que disfruta aprender y jugar y que acepta el crecer y el cambiar? A pesar de sus arrugas, ¿te parece que esta persona es vieja? La edad es relativa: los jóvenes pueden verse agotados si su espíritu muere, y si desaparece su deseo de progresar y de obtener mayores conocimientos.

¿Qué significa esto para ti y para mí? Bueno, creo que necesitamos usar la oposición de manera que nos favorezca, aceptando las cosas negativas que nos pasan y usándolas para crecer. Después de todo, sin oscuridad, ¿cómo podríamos reconocer o apreciar la luz? Sin tristeza, ¿cómo podríamos realmente saber lo que significa ser feliz? Sin miedo, ¿cómo podríamos entender la confianza? De la misma manera en que nuestros cuerpos se ven obligados a reaccionar ante el proceso natural del envejecimiento, nuestras almas deben enfrentar las fuerzas de la oposición que en ocasiones nos hacen descender. Así como hay personas que envejecen con elegancia, podemos aprender a reaccionar a la oposición con gentileza, utilizándola para reconocer nuestras bendiciones y crecer a partir de tales experiencias.

El Dr. Deepak Chopra, autor del *best seller Cuerpos sin edad, mentes sin tiempo [Ageless Body, Timeless Mind]*, escribe: "No podremos saber si hay algo natural e inevitable en el proceso de envejecimiento hasta que no se rompan las cadenas de nuestras viejas creencias".[1]

Cómo aprender de los patrones negativos

Los patrones familiares negativos, e incluso los destructivos, contienen tesoros que nosotros podemos encontrar.

Cada desventaja puede verse como una ventaja conforme avanzamos por la vida, aunque en ocasiones nos sea muy difícil creerlo. Es común y natural que sintamos miedo de ver lo positivo de nuestras tribulaciones, porque no queremos aprobar precisamente aquello que nos ha causado dolor. Aprender a interpretar las dificultades en forma positiva puede ser un proceso difícil. Pero al desenmascarar las falsas ilusiones y al encontrar los dones que ellas han ocultado, podemos crecer y empezar a sentir más amor y gratitud hacia los miembros de nuestra familia. Éste es el verdadero proceso de sanación.

Los miembros de una familia rara vez tienen la intención de dañarse unos a otros. De hecho, sus acciones normalmente se basan en el amor. Por ejemplo, una de mis clientas era descendiente de un hombre que no se sentía bien porque no había recibido una educación formal. Por consiguiente, presionó a sus hijos y a sus nietos a ser "aceptables" estudiando en universidades de prestigio. Aunque él quería lo mejor para ellos, les infundió inseguridad. Cuando mi clienta entendió el amor en que se basaba la insistencia de su abuelo en la excelencia, se disipó su ansiedad ante el fracaso (que la había atormentado toda la vida).

El tesoro primordial del legado de su abuelo era la oportunidad de destacar en lo académico. Pero cuando este patrón se identificó y se sanó, mi clienta pudo darse cuenta de que su abuelo también le había dado la oportunidad de comprender el dolor y la inseguridad y llegar a tener un mayor conocimiento de su valía personal.

Cómo aprender de las debilidades

Así como puedes aprender de la oposición y de las experiencias negativas que la acompañan, también puedes adquirir sabiduría de las características que *consideras* que son tus debilidades. Esto es importante porque estas características ayudan a hacer de ti la persona que eres; de modo que harías bien en transformarlas en fortalezas o al menos ganar algo de ellas. Juzgar que un defecto es algo malo significa, a final de cuentas, que estás rechazando una parte de ti mismo(a). Por ejemplo, si soy impaciente y exijo mucho de mí misma y de los demás, y no me gusta esta característica de mi personalidad, tal vez decida que esta forma de actuar siempre es terrible. Pero bajo ciertas circunstancias, podría ser mi fuerza. En un líder corporativo, una personalidad impaciente y exigente podría marcar la diferencia entre el éxito o el fracaso de su empresa. Por supuesto, es posible que su esposa no aprecie estas cualidades tanto como los inversionistas, pero por eso tenemos la capacidad de canalizar estas características y utilizarlas en las situaciones más apropiadas para mostrar sus puntos fuertes.

Algo mágico sucede cuando dejamos de gastar grandes cantidades de energía para ignorar y ocultar los aspectos de nosotros mismos que no nos agradan: empezamos a descubrir dones en nuestras debilidades, y aprendemos a ser más generosos. En vista de que es necesario ayudarnos a nosotros mismos antes de poder ayudar a otros, el proceso de aceptar todos los aspectos de nuestra personalidad apoya nuestros esfuerzos por amar incondicionalmente, empezando por amarnos a nosotros mismos.

Permite que la pelota de playa flote y se aleje

En el libro, *El lado oscuro de los buscadores de la luz [The Dark Side of the Light Chasers]*, la autora, Debbie Ford, describe el proceso de aceptar nuestras debilidades, a las que llama el lado oscuro de nuestra personalidad.[2] Ella describe cómo aquello que detestamos en nosotros mismos puede minar nuestros sentimientos de valía personal, y explica que cuando nos enfrentamos a nuestro lado oscuro es natural que nos alejemos de él o hagamos un acuerdo con él para que nos deje en paz. Pero señala que cuando hacemos esto, de manera no intencional bloqueamos algunos de nuestros recursos más valiosos. Estos atributos tratan de llegar a la superficie y captar nuestra atención, pues podríamos usarlos para mejorar, pero como tenemos miedo de enfrentarlos, invertimos una gran cantidad de energía para mantenerlos bloqueados.

En el proceso, acabamos sintiéndonos más y más indignos. Estos aspectos son como una pelota de playa que ya no podemos mantener bajo el agua y surge hacia la superficie en cuanto uno deja de esforzarse por sumergirla. Cuando dejamos de esforzarnos por ocultar algunos aspectos de nosotros mismos, es posible que floten y se alejen de nosotros, como una pelota de playa.

Las familias a menudo esconden los aspectos problemáticos por orgullo y por miedo, pero al hacerlo caen en la deshonestidad. Y la mentira emocional impide que uno crezca y sane. A la larga todo llegará a la superficie, aunque se tarde años en hacerlo. Tal vez el ser honesto atemorice a la familia, pero la honestidad es necesaria para crear hogares felices y saludables emocionalmente.

Al igual que la pelota de playa, todo necesita salir a la superficie para que la familia sane.

Cuando un general está planeando una batalla, estudia las debilidades de su ejército y reafirma sus puntos fuertes. Si ignora los defectos y sólo se concentra en los puntos fuertes, puede ser derrotado, y viceversa. Esto no es simplemente una estrategia militar. Un buen atleta o un buen entrenador perfeccionan sus destrezas, estudiando tanto los aspectos positivos como los aspectos negativos del oponente y de su propio equipo.

El conocer tanto las características negativas como las positivas nos ayuda a tener éxito en el juego de la vida. ¿Conocemos nuestras debilidades o las ocultamos en el armario y fingimos (esperamos) que no existen? ¿Conocemos nuestros puntos fuertes o los mantenemos en secreto (ante nosotros mismos o ante otros) porque tememos el rechazo? ¿En realidad somos dueños de los dones y talentos que Dios nos ha dado?

Nuestra capacidad para alcanzar verdaderamente el éxito depende de nuestra buena disposición para entendernos, aceptarnos y ser dueños de nosotros mismos, tanto en lo bueno como en lo malo. A medida que nos aceptamos, también aprendemos a aceptar a nuestras familias.

Cómo desprendernos de algo devolviéndolo: Cómo sanar los efectos del abuso y la codependencia

Transformar las debilidades en fortalezas llega muy lejos en lo relacionado con sanar comportamientos negativos.

Sin embargo, existen algunos patrones familiares que necesitan un trabajo individual especializado para sanar. Son aquellos que existen a causa de los abusos y la codependencia.

El abuso mental, físico o sexual puede tener consecuencias severas en las víctimas y en sus familias. Quienes sufren maltrato experimentan temor, depresión, culpa, odio a sí mismos y baja autoestima, y a menudo se alejan de las relaciones sanas. Cuando esto se agrava debido a los abusos continuos, pueden surgir emociones de rebelión, ira y odio. Estos sentimientos se dirigen al interior y causan un impacto en la forma en que las víctimas ven a otras personas, a la vida e incluso a Dios.

Los esfuerzos frustrados por defenderse pueden llevar a la persona al abuso de drogas, a comportamientos adictivos, al abandono y en casos extremos, al suicidio. Si esto no se sana, lleva a vidas de abatimiento y a matrimonios sin armonía, y estos patrones suelen transmitirse en la línea familiar. Pero si sanan, la belleza interior de cada persona puede revelarse, haciendo que se desprenda la cubierta de yeso que la ha estado cubriendo durante años.

Para empezar a recuperarse, las víctimas deben comprender que el abuso ocurre debido al ataque injusto de *otra persona* contra la libertad personal de la víctima; las víctimas no son responsables de lo ocurrido. Y lo más importante es que la libertad puede recuperarse. Todos tenemos el poder de elegir perdonar, y al hacerlo, le devolvemos la herida dolorosa a la persona que a final de cuentas es responsable de ella: la persona que cometió el abuso. Entonces somos libres para seguir adelante pues nos hemos liberado de una carga.

Es muy difícil hacer esto. Es probable que en lo profundo de nuestro ser sintamos miedo de que al perdonar estemos aprobando la acción. Pero yo prefiero pensar en esto como en algo que uno de hecho le *da* al otro. Le *devuelves* la carga a la persona que cometió el abuso. Te niegas a hundirte en el odio y en la ira que probablemente estaban presentes en las acciones del que perpetró el abuso. Devuelves tu ira y sigues adelante. Después de todo, mucho de lo que pasa en tales situaciones es que la persona que comete el abuso transfiere su estado doloroso a la víctima. Si se lo devuelves, tienes la oportunidad de liberarte.

Cuando el abuso lleva a la codependencia

Cuando el abuso no se perdona ni se sana, el resultado natural es la codependencia. Muchas veces el comportamiento dañino ocurrió una o más generaciones atrás, pero los vínculos dañinos que inspiró continúan. Esto es común, aunque es destructivo y acaba con los matrimonios y con los hijos. El psicólogo James J. Jones describe este tipo de relación en su libro *Arreglemos a los niños [Let's Fix the Kids]*:

> Tal vez la codependencia se entiende mejor como un patrón disfuncional del vivir que se caracteriza por confusión en lo relacionado con la propia identidad y en estar demasiado atento a los problemas, necesidades, sentimientos y opiniones de otros... Codependencia significa que nos concentramos en los asuntos y problemas de otro, y su

> vida llega a ser el factor más importante en nuestra propia vida. Consideramos que no somos importantes; nos sentimos culpables y egoístas si nos concentramos en nuestros propios sentimientos, necesidades o deseos, y perdemos contacto con lo que pensamos o creemos. Una persona codependiente es alguien que se siente responsable por otros, alguien que desea arreglar, rescatar y componer todo en la familia.... Las personas codependientes se preocupan más por lo que otros piensan y sienten que por lo que ellas mismas piensan y sienten. Una persona codependiente pierde de vista a su propia persona, a su propio ser. En los hogares donde los padres son disfuncionales, críticos, perfeccionistas o tienen expectativas poco realistas en cuanto a sus hijos, los hijos pueden sentirse confundidos en lo relacionado con los límites. Los hijos tratan de ser aceptados, haciendo lo que su padre o su madre desea, y al hacerlo pierden de vista lo que ellos quieren. La confusión en cuanto a los límites es uno de los fundamentos sobre los que se desarrolla una personalidad disfuncional y codependiente.[3]

La historia de la lucha y la fuerza que vemos en el proceso mediante el cual un ave rompe el cascarón al nacer, es una metáfora que refleja un mensaje que llega directamente a nosotros, pero en particular a las personas que son codependientes. Necesitamos enfrentar nuestras luchas en forma independiente con el fin de ser fuertes y sobrevivir en nuestro mundo. Debemos liberarnos por nuestro propio esfuerzo, sin esperar que otros asuman responsabilidad por nuestra vida y nuestra conducta. El fusionar nuestra energía con otras personas, intentando rescatarlas o conseguir su aprobación, bloquea la fuerza que brota del esfuerzo y al final nos inutiliza. Sin embargo, poner en juego tu independencia y asumir responsabilidad, son actitudes que llevan al éxito.

Si vives en una relación de codependencia, el primer paso para sanar es asumir la responsabilidad por haber elegido participar en acciones que perpetúan un patrón familiar destructivo. Averigua qué estás haciendo para mantener ese ciclo en marcha, y luego examina cómo otros podrían estar contribuyendo, y perdónalos. Libérate de la preocupación relacionada con sus decisiones y motivaciones, y concéntrate en mantener puros tus motivos y en que tus decisiones se basen en el amor.

Algunas personas temen que se meterán en problemas si devuelven lo que se les ha echado encima injustamente, pero esto no sucederá. No ayudamos a otros asumiendo responsabilidad por sus problemas. Por el contrario, les negamos a nuestros seres queridos oportunidades para crecer y aprender cuando no permitimos que ellos respondan por sus faltas o sus debilidades. De hecho, te sentirás mucho mejor hacia tus padres y tus ancestros más lejanos si no estás bajo el agobio de sus cargas. Puedes sentir más compasión por ellos cuando permites que asuman la responsabilidad por lo que ellos crearon y sigues adelante con una vida feliz, fructífera y productiva.

Te sorprenderá la libertad que experimentas cuando te permites liberarte de las cargas causadas por los abusos y adicciones de otras personas. No eres culpable de ellas, no es necesario que cargues con ellas por siempre. Perdona y asume la responsabilidad, eligiendo aprender y crecer a partir de tus dificultades y decidiendo seguir adelante a pesar de ellas.

Transforma tu hogar en un puerto seguro

Norman Bodek, coautor de *El generador de ideas [The Idea Generator]*[4] y presidente de PCS Press, escribió un breve artículo que me pareció interesante. En él dijo: "Observa a un bebé cuando aprende a ponerse de pie. Surge la idea, el bebé lucha, trata de alcanzar, se sostiene, y en forma milagrosa se pone de pie; luego cae. El proceso se repite una y otra vez. Al final, el cerebro aprende la forma perfecta de ponerse de pie, la recuerda y la implanta. Después de eso, el ponerse de pie se hace sin pensarlo y sin luchar".[5] El bebé empieza a caminar y a meterse en todos los problemas que puede a su edad. Bodek asegura que la mayoría de las personas conocen el proceso de aprendizaje: se basa en cometer errores. Por lo tanto, si no podemos cometer errores o reconocerlos, no nos damos la oportunidad de aprender y crecer.

Otro paso importante para sanar y en esa forma descubrir el tesoro que hay en tu interior, en tus hijos y en otros miembros de la familia, es transformar tu casa en un puerto seguro. Llénala de amor, y haz que tus seres queridos sepan que los errores son inevitables y aceptables. Siempre que cometemos un error, nuestras fallas también les ofrecen a otras personas oportunidades para aprender. Cuando nos damos cuenta de que recibimos afecto cuando nos aceptamos a nosotros mismos, nuestra capacidad para aprender y crecer se incrementa en forma significativa, al igual que nuestra capacidad para crear hogares y familias en las que hay cariño. Al llegar a este punto, empezamos a ver aún con mayor claridad el oro que hay en nuestro interior.

La vida produce una variedad de historias dramáticas que nos dejan con el deseo de una sola cosa: más amor. La mayoría de las personas están haciendo su mayor esfuerzo, y lo único que desean es que alguien les brinde cuidado, especialmente en el hogar. Pero muchas personas no saben lo que están buscando, de modo que perciben falsamente que más riqueza, más control de otros, o los placeres transitorios del comportamiento adictivo harán que se sientan felices y realizados. A menudo el dinero, la fama y el éxito profesional (o el uso de drogas, alcohol, cigarrillos y fármacos prescritos) de hecho crean la *falsa ilusión* de aceptación, libertad y afecto. Sólo cuando estas personas eliminan los motivos por los que se involucran en comportamientos destructivos, identifican sus necesidades reales. Casi siempre, en un nivel muy profundo, lo que desean es que sus familias los amen más de lo que ellos desean que los ame cualquier otra persona.

Con frecuencia les hago a mis clientes esta pregunta: *¿Qué es lo que más deseas?* Si me responden con un objeto físico, como un coche nuevo, una casa, más dinero, les hago otra pregunta: *Si tuvieras ese objeto, ¿qué te ofrecería?* Muy a menudo, cuando las personas revelan su razonamiento, descubren que lo que más desean es amor y aceptación.

Cuando falta ternura la gente siente que no vale nada, y este tipo de dolor lleva a la destrucción. Quienes cometen crímenes graves a menudo son individuos desolados que buscan desesperadamente un afecto verdadero en el mundo que los rodea, son personas que se odian en secreto y no encuentran un camino para salir de su angustia.

Joe, un hombre que conocí en la iglesia a la que asisto, tuvo una infancia llena de rechazo, abusos y traumas emocionales. Su profunda falta de amor a sí mismo (un patrón familiar) fue la causa de que atrajera situaciones negativas y personas desdichadas e iracundas. Al paso del tiempo, se dedicó al tráfico de drogas y llegó a ser adicto a la cocaína; llevaba una vida muy desdichada. Una noche oró a Dios con desesperación suplicando que ocurriera un milagro para que él pudiera salir del infierno que había creado. Dos días después, la policía irrumpió en su domicilio derribando la puerta y lo arrestó.

¡Él jamás habría esperado que esa fuera la respuesta a su plegaria! Pero la sentencia que siguió dio a su cuerpo la oportunidad de desintoxicarse y le permitió captar el sentido que tiene la vida fuera del distorsionado mundo de las drogas. Estar en prisión resultó ser una bendición.

Este hombre vivió una vida de crimen, pero ¿qué era lo que más deseaba? Amor y aceptación. Aunque había encontrado formas de ocultar las heridas, formas que parecían ser lo que lo unía a la paz y al afecto, al final tuvieron como resultado más sufrimiento y un ciclo de destrucción. Sólo enfrentándose a su dolor con honestidad empezó a romper la cubierta de yeso que ocultaba el tesoro de oro de su alma.

La vida y en el personaje de Jean Valjean, en *Les Misérables,* de Víctor Hugo, nos presenta otra historia similar sobre un criminal que se transforma. Este hombre de corazón duro, que estuvo preso durante 19 años por robar una hogaza de pan, es rechazado por la sociedad cuando es liberado de prisión. Por consiguiente, siente que está destinado al fracaso. Un sacerdote caritativo aprovecha la oportunidad de guiarlo y de cuidar de él, y Valjean cambia para siempre. Obtiene una nueva identidad, tiene éxito en las finanzas, contribuye a la sociedad y desarrolla una relación fuerte y benéfica con una niña, Cosette, a quien educa como a una hija. El relato es conmovedor y demuestra que hasta aquellos que parecen insensibles pueden ser bondadosos cuando se les comprende, se les acepta y se les da la oportunidad de servir.

Valores esenciales para las familias de éxito

Los matrimonios y las familias de éxito se establecen y se conservan cuando los involucrados incorporan valores como el perdón, el respeto, el amor y la compasión. En una sección anterior de este capítulo hablé de la necesidad de perdonar, en el contexto de situaciones de abuso y codependencia, en las que se requiere mucho trabajo para sanar. Pero incluso las cosas pequeñas requieren de una absolución si en realidad deseamos romper el ciclo y empezar un mañana nuevo. Para sanar nuestros patrones disfuncionales, debemos aprender a perdonar a todos los que pudieron habernos tratado mal: los que nos enseñaron formas ineficaces de pensar, de comportarnos y de creer, y las personas a quienes culpamos de habernos causado pesar y de habernos hecho dudar.

¿Por qué? Porque cuando no podemos dejar de culpar a otros, es natural que nos aferremos a ello, lo que causa más dolor. Hace que nuestras heridas se ulceren, se pudran, y nos lleva a separarnos de nuestros seres queridos. Pero el perdón es una herramienta poderosa; de hecho, es una bendición. No hay nada que nos rejuvenezca más que un corazón que perdona y que está dispuesto a superar los errores del pasado, sean leves o profundamente serios.

A medida que pones esto en práctica en tu familia, los resultados naturales serán un hogar lleno de más respeto, bondad y compasión, y estos ciertamente son valores que vale la pena transmitir a nuestros seres queridos. Después de años de investigación, un estudio mostró que el ingrediente singular y más importante en un hogar feliz es la bondad.[6] El estudio afirma que lo que produce felicidad no son las acciones compasivas, sino las personas bondadosas; y existe una diferencia.

Los que son caritativos por naturaleza y se preocupan por el bienestar de otros a largo plazo en pensamiento, palabra y obra, contribuyen a la felicidad constante de la familia. Tal vez a algunas personas les parezca anticuado hablar de valores como el perdón, el respeto, el amor y la compasión, pero estas son las cualidades que han construido a las grandes familias. Incluso hoy en día, señalan el camino por el que podemos encontrar la felicidad. Actúan como anclas en nuestra vida, a pesar de las tribulaciones, las tragedias y las crueldades que podrían causarnos sufrimiento. La verdad es que no podríamos estar contentos sin ellas.

J. C. Friedrich von Schiller dijo: "Cada hombre determina su valía. El valor individual que desafiamos nos lo dan otros; el hombre llega a ser grande o pequeño por su propia voluntad". En una ocasión, una de mis clientas me dijo: "Siento que soy capaz de amar a mi esposo, a mis hijos, a mis ancestros, a mis amistades y a mis vecinos. ¿Por qué? Porque al sanar mis patrones disfuncionales he adquirido respeto por mí misma, a tal grado que puedo decir que he aprendido a amarme".

Cuando sanamos, amamos, lo que hace que podamos perdonar, ser respetuosos, considerados y compasivos. Corregir nuestra vida permite que esos valores se expandan, y después nos ayuden a cultivar familias felices y exitosas.

Ver a los demás como los ve Dios

Las opiniones que tenemos de otros, como "Mi esposo es perezoso", "Mi hija es irresponsable", "Mi padre no escucha" o "Mi hermano es cínico", les dicen a estas personas que ellos tienen estos patrones de conducta. En realidad puedes contribuir a las acciones de otros apoyándolos para que sigan teniendo una percepción limitada de sí mismos. Si dejas de apoyar estas cualidades negativas y en lugar de hacerlo envías mensajes positivos, tus seres queridos podrían dejar de necesitar que se les confirme que "no valen nada", que son "irresponsables" o cualquier otra característica que proyectes hacia ellos. Algo tan sencillo como no expresar una opinión crítica puede permitir a otros cambiar y florecer; y también nos ayuda a mejorar y así acercarnos al tesoro que hay en nuestro interior.

Cuando una mujer llamada Lindsey me llamó para hacer una cita ocurrió algo interesante que me ayudó a entender con claridad el poder que tenemos para dirigir el comportamiento de otras personas a través de nuestras creencias inconscientes. Ella mencionó su nombre varias veces durante la conversación, ¡pero por alguna razón yo no podía recordarlo! Me sentí apenada cuando colgué el teléfono y me di cuenta de que no había anotado su nombre de pila. No quería llamarla para preguntárselo, porque no quería que ella sintiera que no la consideraba importante. Una amiga mutua le había recomendado que me llamara, así que la llamé para conseguir la información antes de que mi nueva clienta llegara a verme.

Durante la sesión de Lindsey, entendí exactamente por qué se me olvidaba su nombre: ¡Ella creía que no valía nada y que no merecía que alguien la notara! Había pasado toda su vida creando experiencias en las que nadie la veía, la reconocía o la valoraba. Su voz inconsciente hablaba tan fuerte que incluso yo la escuché y respondí a ella "no notando" su nombre.

Tal vez los padres de familia y los cónyuges deberían analizar este principio a profundidad. Para hacerlo, imagina que te pones unos "anteojos espirituales" cuando miras o tratas a tus seres queridos. Éste es un ejemplo: Kevin estaba convencido de que Jim, su hijo de 14 años era irresponsable y perezoso, y que necesitaba aprender mejores hábitos de trabajo. Jim constantemente confirmaba la percepción que su padre tenía de él actuando de acuerdo al comportamiento que su padre esperaba de él. Un día, Kevin salió a correr con su esposa, Jan, quien observó en su esposo algunas características que él veía en su hijo.

Cuando Kevin se empezó a quejar del comportamiento de Jim, Jan sabiamente le respondió con esta pregunta: "¿En qué formas te está enseñando Jim algo sobre ti mismo?". Kevin reflexionó en silencio y luego empezó a tener una percepción diferente de la situación. Cuando volvió a casa después de su carrera matutina buscó un lugar tranquilo donde pudiera orar. Con humildad le pidió a Dios el privilegio de ver a Jim a través de sus ojos divinos. De pronto, el frustrado padre se vio abrumado por la emoción, y lloró al obtener una mayor comprensión del gran ser que era su hijo.

Cuando Kevin pudo ver el oro en el interior de Jim, se dio cuenta de que su hijo estaba dotado de sabiduría, de intuición y de una asombrosa capacidad de amar. Este hombre amoroso empezó a darle a su hijo el mayor don que los padres pueden dar a sus hijos: verlos como los ve Dios. A medida que Jim alcanzó la libertad de representar un papel diferente en la familia, su comportamiento mejoró, y entonces toda la familia pudo disfrutar del don de una mayor comprensión.

Alterar las percepciones de un cónyuge también puede ser algo muy poderoso. Natalie había estado casada con Mike durante cuatro años, y tenían una hija de año y medio. El padre de Natalie había abandonado a la familia cuando ella era adolescente. Él tenía un patrón de deshonestidad, y había traicionado a su madre. Por lo tanto, Natalie veía a los hombres con escepticismo y tenía una creencia inconsciente de que eran deshonestos y no se podía confiar en ellos, pero amaba a su marido.

La madre de Mike también había sido abandonada por su padre (el abuelo de Mike), que era deshonesto, y su hija tenía la percepción de que no era posible confiar en los hombres. Como resultado directo de la percepción y las expectativas de su madre, Mike creció con la idea de que nadie podía contar con él. Por consiguiente, actuaba en esa forma, aunque amaba a su esposa.

Como en el caso de la mayoría de las parejas, Natalie y Mike habían atraído a una persona que tenía patrones de pensamiento similares a los suyos. Sin embargo, este patrón en particular dañó su matrimonio. Un requisito para una relación sana es la confianza, y su unión se estaba desmoronando al carecer de ella.

Una noche, Natalie estaba sentada sola en su coche y empezó a orar. No entendía que tenía una percepción que pudiera estar contribuyendo a las acciones de Mike. Mientras sollozaba y le expresaba a Dios su deseo de divorciarse, escuchó estas palabras con toda claridad en el interior de su mente: *Si sólo pudieras ver quién es él en realidad*.

Se llenó de paz y comprendió que su esposo era mucho más de lo que ella había sido capaz de ver. Condujo a casa, decidida a conservar su matrimonio, y empezó a buscar formas de percibir más a fondo la verdad sobre Mike: quién era él en realidad y quién podía llegar a ser.

Recibieron años de asesoría antes de poder reconciliar los detalles individuales que irónicamente habían despertado una atracción entre ellos y que luego hicieron que se alejaran. Trabajé con ambos durante cierto tiempo y me sorprendió la forma en que cada uno de ellos identificaba un defecto específico en el otro, y luego llegaba a ver un patrón similar en sí mismo(a). Su trabajo arduo y su diligencia produjeron resultados; y actualmente tienen una relación feliz, sana y satisfactoria para ambos.

El mayor don que podemos darles a quienes tenemos la intención de cuidar es ver en ellos algo más grande que lo que ellos pueden creer sobre sí mismos. Así empezamos a aprender a amar a la perfección. Sin embargo, esto se dificulta muchísimo si no estamos dispuestos a ver algo espectacular en el interior de nosotros mismos.

Una bendición que podemos ofrecernos es estar dispuestos a encontrar en nuestro interior algo que está muy por encima de la forma en que comúnmente nos comportamos. A menudo, esperamos a cambiar hasta que las tribulaciones y las dificultades llegan a ser tan dolorosas que llevan a nuestras almas a unas alturas que jamás habríamos podido imaginar. Después de la devastación del 11 de septiembre, cuando los terroristas atacaron el World Trade Center en la Ciudad de Nueva York y el Pentágono, en Virginia, muchos estadunidenses se sorprendieron al enterarse de cuántas personas extraordinarias vivían en su país. Más tarde, al responder al *tsunami* del 26 de diciembre de 2004, las acciones caritativas de ciudadanos de todo el mundo literalmente salvaron naciones enteras.

A menudo, las personas se elevan a grandes alturas de espiritualidad, de generosidad y de compasión después de una catástrofe como éstas. Sin restar importancia al crecimiento positivo y al cambio que se manifestó en el mundo en esos momentos, creo que no siempre es necesario que ocurra un trauma de ese tipo para que nos elevemos con valentía y mostremos el potencial de nuestro carácter.

Tenemos el poder de lograr cambios, de liberarnos de la esclavitud de nuestros problemas cotidianos, y de crear paz y alegría para nuestros descendientes, un don que a la larga es una bendición para nuestro mundo. Para que esto suceda, debemos ante todo creer en nosotros mismos y prometer que vamos a transformar nuestros patrones familiares disfuncionales. Debemos confiar en que hay oro debajo de todo ese yeso, y debemos estar dispuestos a desprenderlo poco a poco.

El Proceso

1. Al considerar las cualidades positivas y negativas que hay en tu interior, hazte estas preguntas: *¿Qué rasgos de carácter o qué comportamientos me desagradan más en otros y por qué? ¿Qué características de otros o de mí mismo(a) despiertan una emoción en mi interior?*
2. Ahora considera estas preguntas: *¿Quién me desagrada más y por qué? ¿Cómo quién no quiero ser, y por qué? ¿En qué forma soy similar a la persona a la que no quiero parecerme o a la persona que más me desagrada?* Dedica tiempo a pensar realmente en esto, y escribe tus respuestas.
3. Cuando hayas decidido a quién no quieres imitar, concéntrate en alguien a quien te gustaría parecerte. Pregúntate: *¿A quién me quiero parecer y por qué? ¿A quién admiro más y qué características hacen que esa persona me atraiga? ¿En qué formas soy similar a la persona a la que quiero parecerme o a la que respeto más?*
4. Ahora concéntrate en ti mismo(a) por un momento. ¿Qué aspecto de ti mismo te da más miedo ver? Considera que la respuesta es una debilidad que está lista para que te enfrentes a ella, o que es una fuerza que está lista para que la poseas.
5. Después pregúntate: *¿Tengo puntos fuertes que también podrían ser puntos débiles? De ser así, ¿cuáles son?* Por ejemplo, si soy una persona paciente, esto se vuelve una desventaja si yo reprimo mis emocio-

nes "pacientemente" y soy deshonesto con respecto a ellas, o si soporto "con paciencia" los abusos cuando debería denunciarlos.

6. Responde a estas preguntas: *¿Cuáles son las bendiciones que he recibido a causa de mis errores? ¿Qué dones he obtenido y qué lecciones he aprendido de los errores de otros?*
7. Finalmente, haz una lista de las cosas que necesitas cambiar en tu interior para llegar a ser más caritativo contigo mismo y con otros.

Capítulo Cinco

Paso 5: Cómo hacer una conexión espiritual

5

La mayoría de las religiones y las filosofías señalan que en el interior de cada cuerpo humano existe cierta forma de energía o inteligencia que es más grande y más poderosa de lo que pensamos. Como una mano que entra en un guante, este espíritu vive en nuestro interior, nos anima y dirige nuestro camino.

Hoy en día, quizás más que nunca, las personas desean entender más sobre la espiritualidad. Queremos saber algo sobre nuestra capacidad de tener acceso a una dimensión superior de verdad y de luz. De hecho, esto se necesita para que las familias sanen. Cuando nos concentramos más en nuestra identidad espiritual que en nuestro ser mundano, llegan a nosotros muchas respuestas y se resuelven muchos problemas. Lo que en realidad resplandece son nuestros aspectos divinos.

Para quienes creen en Dios no es difícil suponer que somos maravillosos por naturaleza. Como hijos de Dios, es lógico que tengamos algunas de Sus características, lo que nos da un potencial extraordinario. No creer en nuestras capacidades o menospreciarnos significa que estamos condenando a un hijo o a una hija de Dios. Yo creo, como lo creen muchas personas, que el Todopoderoso tiene un propósito para cada uno de nosotros. Si no somos capaces de crear una conexión espiritual, de escuchar y responder y de creer en nuestra naturaleza trascendente, no seremos capaces de desarrollar ese potencial. A todos se nos ha dado la oportunidad de descubrir ese potencial, y la opción de desarrollarlo está de hecho en nuestras manos.

Cuando nos movemos hacia la luz (o hacia el conocimiento y la verdad), nos vemos con más claridad; es una consecuencia natural. Al hacerlo, nos volvemos más conscientes de un panorama más completo, que incluye ver tanto las características positivas como las negativas que tenemos. Gran parte de este libro trata sobre la forma de descubrir y enfrentar las tinieblas que experimentamos en nuestro interior. Para equilibrar eso, necesitamos conocer nuestra luz y tener acceso a ella.

Ralph Waldo Emerson dijo: "Lo que está detrás de nosotros y lo que está frente a nosotros son pequeñeces si se les compara con lo que hay en nuestro interior". No podemos llegar a ser algo grande si ni siquiera estamos conscientes de las cualidades maravillosas que hay en nuestro interior. Conocer nuestra identidad espiritual es la clave para cambiar nuestra vida y mejorarla, para conseguir lo que deseamos y para crear más alegría y felicidad. Y la forma de encontrar esa grandeza es ser suficientemente humildes para admitir nuestros defectos y sanarlos.

La mano y el guante

Definamos las dos partes de nuestra identidad: la "mano" y el "guante". Digamos que el guante es el cuerpo humano programado que incorpora patrones de pensamiento, comportamientos y sistemas de creencias derivados de nuestras experiencias en la tierra. También incluye datos genéticos, como nuestra estatura y el color de nuestro cabello, nuestros ojos y nuestra piel. Los guantes vienen en diversos tamaños, colores y materiales, y existen en muchas partes del mundo. Cada uno de ellos tiene un propósito primordial: cubrir la mano. Sin este objetivo, carecen de vida y propósito.

La mano puede compararse al espíritu humano, otra parte de nuestra identidad que está dentro del cuerpo. Esta parte de nosotros mismos puede experimentar dificultades al tratar de alcanzar algo, después de todo, su naturaleza no es física. Pero es importante que intentemos percibirla. Sin esta parte de nosotros mismos somos como un guante vacío, básicamente somos inútiles, ya que el espíritu humano es extraordinariamente poderoso.[1]

Para la mayoría de las personas, el espíritu que respalda al cuerpo humano no puede verse ni sentirse. Quienes han experimentado lo que es conocer esta parte de sí mismos normalmente manifiestan que se conectan con ella mediante un proceso de "sensación" que es difícil describir y en ocasiones se descarta como si fuera algo demente o increíble. Como a tantas personas se les entrena para bloquear sus emociones, se les dificulta percibir cualquier cosa que no esté en el ámbito material. Pero quienes son capaces de percibirlas han manifestado que sienten amor y paz, y a menudo reciben dirección después de entrar en contacto con su ser espiritual. Eso abre su mente a nuevas percepciones y a un conocimiento interno que tiene como resultado un crecimiento y un cambio positivos.

Ciencia y poder

Como seres humanos, tenemos el poder de elegir nuestra respuesta a cada situación, y nuestras reacciones son individuales. En el espacio que existe entre el estímulo y la respuesta, que Stephen Covey describió en el Prólogo, tenemos la poderosa oportunidad de ejercer poder: la capacidad de pensar, de razonar y de cambiar. No obstante, es natural que tengamos la tendencia a reaccionar de acuerdo al instinto y al condicionamiento anterior, como si fuéramos animales. Pero otras criaturas no comparten nuestra libertad de elección, nuestra inteligencia y nuestra capacidad de transformación. A menos que permitamos que nuestro ser espiritual nos guíe en nuestro compromiso para cambiar, nuestro esfuerzo por alterar nuestros patrones de comportamiento se convertirá en una lucha.

Las respuestas humanas se basan ante todo en el condicionamiento. Su punto de inicio es fascinante: Mientras estaba investigando el origen de los problemas de comportamiento, aprendí de la Dra. Ranae Johnson, una investigadora en el campo de la psicología y experta en la terapia del movimiento de los ojos, que del 75 al 90 por ciento de nuestros bloqueos emocionales, lo que incluye nuestras tendencias innatas (genéticas),[2] se originan en nuestras experiencias en el vientre materno. Esa cifra nos dice que la mayoría de nuestros bloqueos subconscientes (las emociones y miedos que nos impiden sanar o que simplemente impiden nuestro progreso) brotan de una de varias posibilidades:

1. Memorias emocionales de nuestro periodo de gestación

2. Cualquier miedo o trauma que hayamos experimentado en el proceso del nacimiento
3. Herencia genética, lo que significa que en esencia las trajimos al mundo con nosotros

Los estudios de la Dra. Johnson cuentan con el respaldo de otra evidencia más reciente. En 2005, la revista *Biological Psychology* [*Psicología Biológica*] publicó un estudio que llevó a cabo el Dr. Peter Hurd el cual indica que la longitud del dedo índice de un hombre en relación con la longitud de su dedo anular puede predecir la inclinación que él va a tener a ser agresivo físicamente.[3]

¡Esta información es fascinante! Nos enseña que sólo del 10 al 30 por ciento de nuestros bloques emocionales son el resultado de las experiencias que enfrentamos en la vida. Estas estadísticas validan nuestra necesidad de conocer nuestras tendencias condicionadas e instintivas. Cuando las ignoramos o cuando simplemente no queremos alterar nuestro comportamiento, limitamos nuestro acceso al poder mental que se nos ha dado. Esto es similar a trabajar con una computadora con ajuste predeterminado, y si no tomamos otra opción, nos pasamos la vida siguiendo nuestras respuestas programadas.

Para cambiar, debemos usar nuestro poder y hacer elecciones nuevas. De eso se trata este libro; todo el material que hay en estas páginas tiene el propósito de ayudarnos a distinguir entre los patrones de nuestra familia y nuestro potencial espiritual, y nos da el poder de tomar nuevas decisiones. Es un hecho que no podemos modificar nuestro comportamiento, introduciendo en nuestro cerebro la misma información que teníamos cuando creamos ese patrón. Sólo podremos progresar cuando tengamos datos nuevos. La autoridad para lograrlo nos pertenece, e incrementaremos nuestro poder en la medida en que seamos más conscientes, aprendamos más sobre nosotros mismos y crezcamos para transformarnos en seres de luz y de verdad.

Nuestro espíritu es amoroso y compasivo, como lo es Dios. Puede introducirse en el espacio que hay entre el estímulo y la respuesta y sanar la parte de nosotros que es natural y está programada. Es mejor no resistirse a lo que habita en nuestro interior, y pedirle que nos guíe; después de todo es más fácil moldear la arcilla suave que la roca dura. Si Dios o una inteligencia superior en nuestro interior quiere transformarnos en algo grande, ¿no sería más fácil suavizar nuestro corazón y volvernos flexibles? ¿Por qué esperar que el mundo se derrumbe sobre nosotros antes de despertar al concepto de que quizás haya algo mejor en nuestro interior que nosotros nunca hemos tomado en cuenta? Se supone que debemos sentir gozo y felicidad, y para lograrlo, necesitamos conocernos mejor; tanto en el espíritu como en nuestra personalidad natural.

El vínculo intuitivo

En un lugar tranquilo dentro de nuestra mente y nuestro corazón habita una vocecita suave; un genio que conoce nuestro interior. No es la parte de nosotros que hace sumas, restas y multiplicaciones, ni es nuestra mente lógica que razona y deduce. Es abstracta en cierta forma y siempre es exacta. Al escucharla, podemos resolver algunos de los problemas más difíciles que existen en nuestra vida, y nos puede guiar para que también conozcamos ciertas cosas sencillas, por ejemplo, dónde dejamos las llaves del coche o en qué dirección debemos movernos cuando estamos perdidos.

Yo llegué a valorar mi conocimiento interior siendo niña. Cuando era chica, mi madre solía tomarme de la mano y pensar en algo, unos minutos después, yo empezaba a hablar del tema en que ella había pensado. Para ella esto era maravilloso. Hoy en día existen toda clase de explicaciones físicas para todo tipo de fenómenos. Ya sea que los llamemos energía psíquica, percepción extrasensorial o conexión espiritual, el arte de escuchar algo que habla en nuestro interior, y luego responder a ello, es algo que aprendí a valorar y es un instrumento muy poderoso para mí.

Mi madre también valoraba su voz interior, al igual que mi abuela. Sabiamente, mi madre escuchaba a su espíritu con el fin de guiar su vida. Para ella era común echar toda lógica por la ventana si tenía la "sensación" de que tenía que hacer algo. En una ocasión, cuando estaba en la universidad y vine a casa durante el verano, mi madre fue a la tienda de abarrotes y regresó con un enorme pastel de cumpleaños. Por lo que yo sabía, no era el cumpleaños de nadie, así que todos sentíamos curiosidad, y cuando ella sacó el pastel del coche y lo llevó a la casa preguntamos:

"¿Quién cumple años hoy?".

Ella respondió: "No sé, pero tuve la sensación de que tenía que comprar un pastel. Así que lo compré.

Por supuesto, al día siguiente mamá descubrió que una madre soltera que vivía cerca iba a cumplir años y sus hijos querían sorprenderla con un pastel, pero eran muy pequeños y no sabían hornear pasteles. ¡Milagro! Mamá sacó el pastel del refrigerador y fue a visitar a esa familia. Durante muchos años, ellos recordaron la noche en que ella se presentó con el pastel de cumpleaños y su madre estaba tan agradecida que se le llenaron los ojos de lágrimas. Yo aprendí a confiar en mi intuición más que en la lógica gracias a muchas experiencias de este tipo con mi madre y mi abuela.

Cómo conectar tu espíritu con el espíritu de Dios

Todos los días puedes hablar con personas que dicen que no existen cosas como la divinidad, la intuición o el espíritu. Si eso es lo que crees, entonces la espiritualidad está muy lejos de ti y la intuición te será de difícil acceso. Lo divino y nuestro conocimiento interior sólo son accesibles para nosotros cuando los vivimos, y las voces del espíritu tendrán tanta fuerza como nosotros se lo permitamos. A veces, todos nos sentimos lejos de Dios o de nuestra identidad superior. Pero es como cuando queremos estar cerca de alguien que amamos, pero de quien estamos lejos por el momento: sabemos cómo reanudar este contacto: Nos acercamos. Escuchamos, encontramos formas para entrar en comunicación y descubrimos qué podemos hacer unos por otros. Cuanto más frecuentemente suceda esto y cuanto más dure, más profundo será el afecto. Si pasa mucho tiempo sin que haya un contacto, el vínculo se debilita o se deteriora.

Yo sé que Dios existe, es nuestro Padre que está en los Cielos, sé que nos ama y nos ofrece las mismas oportunidades de acercarnos a él que nos ofrecería un amigo afectuoso. Si enfocamos nuestra relación con Dios en esta forma, encontraremos fuerza, amor, crecimiento, respuestas, conocimiento, luz y verdad. Todo esto llega a nosotros a través de lo que yo llamo el espíritu. Hace que nos sintamos dignos, que sintamos más amor por otros y por nosotros mismos y que sintamos que estamos preparados para servir y apoyar a quienes lo necesiten.

Cómo hacer la conexión correcta

Muchas personas oran y se sienten frustradas cuando no reciben precisamente la respuesta que esperaban. Eso sucede porque no abordan el proceso como si estuvieran haciendo una llamada telefónica y dejando un mensaje en el contestador automático. El problema es que no esperan recibir una llamada en respuesta a su mensaje, ni instrucciones adicionales al respecto. No saben escuchar y responder a la guía que podría ayudar a generar una respuesta a sus oraciones.

La mayoría de las personas creen que Dios nos ha ofrecido una forma para comunicarnos y que las respuestas pueden llegarnos a través de la oración y la meditación. Pero olvidan que la comunicación eficaz requiere de retroalimentación y que la oración es un método de interacción divina. Eso significa que alguien ofrece información, el receptor la escucha y luego envía otro mensaje de regreso para verificar el contacto inicial. Nuestra conexión intuitiva es el método mediante el cual recibimos retroalimentación. Sin ella, en realidad no hay comunicación y nos resulta más difícil entender la forma en que nuestras oraciones reciben respuesta.

Elizabeth Barret Browning escribió: "Y cada arbusto común arde con la presencia de Dios; pero sólo aquel que lo puede ver se descalza ante él". La pregunta crítica que podemos hacernos es: *¿Estoy escuchando? ¿Me he descalzado? Y si no lo he hecho, ¿qué voy a hacer al respecto?*

Para desarrollar una conexión intuitiva, debemos saber qué se siente al amar. Como Dios encarna esta cualidad, una conexión divina nos brindará una sensación positiva, no sentenciosa, paciente y llena de paz. Si no estamos familiarizados con estos atributos, podríamos no reconocer al espíritu. No queremos acabar desorientados en relación con el espacio, ésta es una condición que experimentan los pilotos cuando, sin saberlo, siguen una dirección incorrecta. De hecho, normalmente están convencidos de estar en la ruta correcta. Cuando un piloto que se enfrenta a este problema carece de equipo y no tiene la capacidad para seguir las señales de vuelo (que siempre proporcionan la ruta correcta, aunque parezca ser incorrecta), ese piloto se estrella. El amor es la clave para reconocer al espíritu. Podemos usarlo como la señal que mantendrá nuestra inspiración clara y precisa.

Practicar la oración

La práctica hace al maestro; eso significa que cuanto más escuchemos nuestra voz interior y respondamos a ella, mejor podremos escucharla. Podemos tener acceso a nuestra intuición en cualquier momento y a cualquier edad. Cuando mi hijo menor tenía seis años se le cayó su primer diente. Estaba tan emocionado que lo llevó a casa y se lo mostró a todos los miembros de la familia. No quería perderlo, así que le sugerí que lo guardara en una bolsita Ziploc, y así lo hizo.

Más o menos una hora después, me dijo que había un orificio en la bolsa y que el diente ya no estaba ahí. Me enseñó en qué lugar estaba él cuando lo notó, nos pusimos de rodillas y empezamos a buscar. Toda la familia ayudó en la búsqueda. Después de mucho buscar finalmente me di por vencida y le ofrecí a mi hijo algo de dinero para compensar el hecho de que él no podría dejarle su diente al ratón.

Él estaba tan triste que también le sugerí que hiciera una oración en privado y pidiera una idea sobre dónde buscar. Minutos después se me acercó y me dijo: "Mami, abre la lavadora de vajillas". Lo hice y ¡sorpresa! Ahí estaba el diente, ¡en el recipiente del jabón!

La oración funciona a cualquier edad. No hay requisitos complicados, sólo se necesita fe y deseo. Con estas intenciones podemos tener acceso a un maravilloso instrumento de comunicación que es más poderoso que cualquier tecnología moderna. Y si lo usamos, este instrumento puede cambiar y mejorar nuestra vida por siempre.

En vista de que muchos de nuestros patrones familiares de conducta están ocultos y es difícil verlos, escuchar a nuestra intuición es vital para el proceso de curación. Lo que parece correcto para una persona podría no ser correcto para otra. Tomando en cuenta que la sanación es individual, es esencial tener acceso a respuestas personalizadas. Necesitamos este tipo de conexión divina para corregir a nuestras familias, ya que sin ella no podremos lograrlo con la misma efectividad.

Sin una conexión, la vida es deprimente

Nuestro mundo ha aprendido mucho sobre las conexiones físicas. En los últimos 150 años, la tecnología ha puesto a nuestro alcance el teléfono, los teléfonos celulares, las computadoras y el Internet. En la actualidad, son vitales. La economía mundial y nuestra vida individual no podrían seguir adelante sin ellos. De hecho, la mayoría de las personas no podrían imaginar cómo serían las cosas sin computadoras, sin teléfonos y sin Internet.

En una ocasión estaba yo en un avión esperando el momento del despegue, y observé que ahí había varios cientos de personas, yo entre ellas, sentadas como sardinas en el avión y sin hablar con nadie. Muchos pasajeros estaban usando su teléfono celular y su computadora. Supuse que estaban mandando mensajes de texto, revisando su correo o dejando mensajes de voz sobre nuestro vuelo retrasado. Algunas personas conversaban entre sí. Pensé: *¿Por qué todo el mundo tiene tal apego al Internet, al teléfono y a la computadora?* Cuando deduje que todos necesitamos cierto tipo de conexión, también me pregunté: *¿Entonces por qué somos tan pocos los que nos conectamos con las personas que tenemos tan cerca en este avión?*

Desde el punto de vista de la colectividad, muchos de nosotros nos sentimos aterrados ante la comunicación interpersonal. Hoy en día, gran parte de nuestra interacción implica sólo un contacto superficial. Conversamos sobre temas que por lo general son de naturaleza física, como el color de nuestro cabello, el campeón de la Serie Mundial, o el clima del momento.

No sólo nos limitamos a este tipo de datos triviales, sino que además no somos honestos al respecto. Existen estudios que muestran que la mayoría de las personas mienten en sus conversaciones informales. De hecho, los investigadores nos dicen que en promedio, el 60 por ciento de las personas que tratamos mienten al menos una vez en una conversación de diez minutos, y que la mayoría de ellas dicen un promedio de dos a tres mentiras.[4] La gente exagera la información, crea escenarios que le favorecen ante otros y dice mentiras piadosas para protegerse, ¿Qué tiene que ver eso con la comunicación honesta y sana? La mayoría de las personas ni siquiera sabe cómo conversar en esa forma.

Sólo aproximadamente el cinco por ciento de nuestra conversación es personal y podría considerarse una expresión honesta de nosotros mismos que tenga algo que ver con nuestros verdaderos pensamientos y sentimientos.[5] Este tipo de intercambio implica que compartimos información que podría hacer que otros nos juzgaran o nos criticaran, y por lo tanto implica un riesgo.

El problema es que la mayoría de las personas necesitan una mayor interacción o crítica personal para sentir que están conectadas y que se les ama. El sexo en una forma en que las personas pueden ponerse en contacto unas con otras a nivel personal, pues implica compartir, dar y arriesgar. Pero incluso la intimidad se ha convertido en algo muy distante para muchos. No es sorprendente que vivamos en un mundo donde la gente anhela tener conexiones; por lo general deseamos algo que no tenemos.

La mayoría queremos tener en nuestro mundo a alguien que nos entienda, alguien a quien le interesemos y que esté dispuesto a escucharnos y a respetar la forma en que nos expresamos sobre nosotros mismos. Esto es parte de nuestra naturaleza y debe satisfacerse para que podamos crecer y desarrollar un sentido sano de nuestra valía individual. ¿Por qué limitamos este tipo de comunicación cuando es vital para nuestro crecimiento y desarrollo? A menudo es porque tememos los juicios de otros.

Casey: la grandeza de un alma

Mi buena amiga Casey nació en un hogar pobre donde se cometían abusos: ella no se sentía que su familia la amara ni la aceptara. A lo largo de su vida, normalmente estuvo rodeada de gritos, chillidos, golpizas y pleitos. Nació con problemas de la vista que le provocaron estrabismo. Siendo niña sufrió las burlas de sus compañeros de escuela y fue víctima de acoso sexual por parte de un miembro de su familia.

Conocí a Casey en la iglesia. Era tímida y adorable, pero no asistía a las reuniones muy seguido. Los líderes de la iglesia la trataban con cariño y a menudo intentaban ayudarla, pues vivía un matrimonio de abusos, luchaba para educar a sus hijos pequeños y tenía problemas de dinero. En ocasiones ella respondía bien a los esfuerzos de la iglesia, pero en ocasiones no lo hacía.

Una tarde me encontré a Casey en la tienda de comestibles. Me dio un abrazo y me dijo que ya no volvería a la iglesia. Me explicó que no se sentía amada, ni aceptada, y que no podía manejar el dolor. Su decisión hizo que me sintiera triste y no estaba segura de lo que podría hacer para ayudarle. No era una de mis clientas, sólo era mi amiga, así que no supe cómo abordar lo que yo consideraba uno de sus problemas críticos.

Pasaron aproximadamente dos años, y casi no tuvimos ningún contacto, pero una tarde recibí una llamada de otra amiga de la iglesia. Dijo que había ido a visitar a Casey y la había encontrado en un estado emocional terrible; estaba pensando en el suicidio. Me preguntó si podía yo recibir a esta mujer desolada de inmediato.

En media hora, ambas llegaron a mi puerta, y tuve la oportunidad de ayudar a Casey a resolver muchos de sus problemas más serios. Juntas descubrimos el hecho de que en el fondo temía ser rechazada. Este miedo hacía que se sintiera fuera de lugar y que no fuera capaz de conectarse con otros, y no tenía suficiente fe en sí misma para sentirse cómoda en un grupo. Siendo niña, sufrió muchos abusos y agresiones sexuales y supuso que el infierno que había vivido reflejaba su propia valía. Cuando iba a la iglesia y se reunía con mujeres que tenían confianza en sí mismas, se sentía pequeña e insignificante. En lugar de enfrentar su dolor, dejó de asistir a la iglesia y atribuyó su incapacidad para establecer contacto a ciertas acciones rudas o poco bondadosas que pudo ver en algunas personas ahí.

Lloré con Casey cuando la pude ver como una niñita que anhelaba una conexión de afecto. Necesitaba amistades con desesperación y necesitaba un lugar en el cual se sintiera bien y en el que se le aceptara, pero ella había construido barreras a causa del miedo a ser rechazada. Las barreras le negaban el amor, pero ella creía subconscientemente que la protegían de vivir la agonía de sentir que no valía nada.

A final de cuentas, no importa lo que los demás piensen de nosotros, sólo importa lo que nosotros pensemos que es cierto acerca de nosotros mismos. Al conocernos, amarnos y aceptarnos desarrollamos la fortaleza interior para ser capaces de amar y apoyar a otros. Cuando tenemos un sentido de valía personal sano, tendemos a atraer a nuestra vida personas que comparten nuestro deseo de amor.

¿Pero qué pasaría si a lo largo de toda nuestra vida nos sintiéramos mal con nosotros mismos y no tuviéramos idea de dónde ir para obtener una mejor comprensión de nuestro valor individual? ¿Qué hacen las personas como Casey para sentirse conectadas? Muchas personas han vivido en circunstancias horribles durante décadas y nunca nadie las ha tratado como si valieran algo. Entonces es vital tener fe en Dios y tener una conexión espiritual.

En mi sesión con Casey, le pedí que visualizara a Jesucristo (pues es una mujer cristiana) de pie frente a ella. Luego le sugerí que lo viera entregándole un espejo. Le pedí que mirara hacia su interior y viera un reflejo de la grandeza de su alma. Ella lloró cuando sintió amor por sí misma por primera vez.

Cuando no creemos que se nos ama, sino que por el contrario, nos sentimos mal con nosotros mismos y reprimimos estas emociones por largo tiempo, nos hundimos en la depresión y nos abrumamos, y en ocasiones caemos en pensamientos suicidas. En la actualidad, la depresión es muy común. A menudo, indica que necesitamos ver lo bueno o lo divino que hay en nuestro interior, o que necesitamos fortalecer nuestra conexión espiritual. Una visualización como la que hice con Casey puede funcionarle a cualquier persona, independientemente de sus creencias religiosas. Sólo hay que adaptar la imagen mental a su sistema de creencias. Todos podemos imaginar un espejo que desciende de la poderosa luz del sol y que refleja el yo divino.

Debido a que tal vez no sepamos cómo llevar a cabo una conexión espiritual, o a que tal vez ni siquiera sintamos deseos de llevarla a cabo, podríamos tender a reprimir nuestras emociones. Eso sucede porque el espíritu nos habla a través de nuestra intuición, y el proceso tiene un cierto dejo emocional. Por consiguiente, podríamos entrar en un conflicto pues deseamos sanar nuestra depresión, pero no estamos dispuestos a aceptar todos los aspectos de nosotros mismos. Durante mucho tiempo, Casey estuvo tan dolida que ni siquiera quería sentir nada, y tampoco deseaba una conexión espiritual.

Reprimir nuestros mecanismos emocionales y nuestro yo superior puede llegar a ser muy costoso. Cuando estamos deprimidos, a menudo tenemos sentimientos negativos, como miedo, tristeza, culpa, vergüenza, frustración y resentimiento. Para recuperar el equilibrio, necesitamos experimentar más amor, perdón y gratitud. Nuestro vínculo espiritual puede ayudarnos a lograr este equilibrio casi de manera instantánea. Es cierto que posiblemente no elimine el dolor en forma permanente, ya que es necesario abordar directamente los pensamientos y creencias desagradables, Pero un vínculo divino puede proporcionar esperanza y alivio.

Las estadísticas indican que las personas que creen en Dios son más felices que las que no creen.[6] La esperanza y la paz son el resultado de tener fe en la divinidad, y algunos problemas simplemente son demasiado difíciles de resolver sin esta clase de conexión.

El único que realmente sabe es Dios

Cuando murió Luis XIV, Rey de Francia, se llevó a cabo un suntuoso funeral en la Catedral de Notre-Dame. El obispo de París subió al púlpito para pronunciar la elegía y sólo dijo cuatro palabras: "Sólo Dios es grande".

Ha habido ocasiones en mi vida en que pensé que mis problemas no tenían solución. En esos momentos, cuando he abordado la situación mediante la oración y la meditación, han surgido nuevas posibilidades gracias a mi conexión espiritual. Lo que antes era imposible de resolver llegó a ser reparable. Cuando no hay otro camino, podemos recurrir a Dios; en su grandeza, a menudo Él es el único que puede resolver algunos de nuestros problemas. Si sabemos escuchar, podremos encontrar la dirección que debemos seguir.

Un día, una mujer se dirigió a mí en una estación de gasolina y me preguntó cómo llegar a Middleburg, Virginia, yo le respondí con seguridad. Salí del estacionamiento y me dirigí a la carretera, pero me di cuenta de que le había yo dado mal la información. A lo largo del resto del día me estuve preocupando por haberle dado datos incorrectos.

Aunque muchas personas podrían parecer calificadas para dirigirnos y tengan buenas intenciones con respecto a nosotros, es posible que no sepan cuál es la ruta correcta para nosotros. Por fortuna, existe un mapa en nuestro interior. Nuestro espíritu sabe lo que es mejor para nosotros, qué camino seguir y cómo llegar a nuestro destino. Si confiamos en nuestra conexión divina, podremos estar seguros de que llegaremos a nuestro destino eterno con rapidez, y sin tomar demasiadas rutas equivocadas.

Cómo trazar un nuevo curso

Cuando mi hija mayor cumplió ocho años, mi padre y yo la llevamos a visitar los sitios históricos de la Costa Este. Mi padre era historiador, y cuando estábamos cerca de Boston, nos habló de los peregrinos que llegaron a Plymouth, Massachussets. Originalmente, el rey de Inglaterra había determinado que esta comunidad de colonos religiosos se estableciera en lo que en la actualidad es la Ciudad de Nueva York, pero en su travesía, el mar desvió el curso de sus barcos por un grado. Por consiguiente, los peregrinos tocaron tierra en Cape Cod y no en Long Island. La embarcación líder intentó navegar al sur, pasando por Long Island Sound, pero no lo logró, pues continuamente chocaba con acantilados que amenazaban hundirla. Se notificó al rey, quien entonces les autorizó que desembarcaran en Plymouth.

Cuando mi padre repitió este relato, pensé en lo que significó en el futuro esa pequeña desviación de un grado que ocurrió hace cientos de años. Lo que aparentemente fue un pequeño cambio en el curso de las embarcaciones, tuvo como resultado un impacto a largo plazo en la configuración de Estados Unidos como el país que conocemos en la actualidad. Los holandeses se establecieron en lo que llegaría a ser la Ciudad de Nueva York, y su influencia fue diferente a la de los principios religiosos que guiaban a los colonos de Plymouth.

Lo mismo nos pasa a nosotros. Los cambios aparentemente insignificantes que hacemos en nosotros mismos y en nuestras relaciones, a la larga afectan muchas vidas. Como padres de familia, tenemos una obligación hacia nuestros hijos y hacia nuestro mundo, en lo que concierne a trazar nuevos cursos para nosotros mismos que lleven a cambios positivos.

A medida que trabajamos y nos esforzamos para seguir adelante, el esfuerzo más importante tiene que ver con estar conscientes de nuestra naturaleza superior. Esta clase de esfuerzo tiene consecuencias cuyo alcance es mayor al que podríamos predecir. Marcamos diferencias duraderas en la vida de incontables personas cuando estamos más conscientes de nuestra misión en este planeta, pero la información relacionada con nuestro propósito sólo está disponible para nosotros cuando nos conocemos espiritualmente. Por lo tanto, abrir nuevas rutas para las generaciones futuras requiere que estemos dispuestos a mirarnos con honestidad, lo que incluye mirar tanto la "mano" como el "guante".

A los niños se les enseña a obedecer a la autoridad. Siendo nosotros sus líderes, ¿no sería fantástico que pudiéramos ofrecerles más verdad, más respuestas, opciones y cambios positivos? Tal vez podríamos alterar el curso del futuro de nuestra familia dando forma a un trayecto espiritual. Si pudiéramos acabar con la cadena de enseñanzas falsas y ofrecer a nuestros hijos algo que no sea una programación automática, ¿seríamos capaces de cambiar al mundo?

El camino a casa

En una ocasión conocí a un niño de tres años llamado Alex. Una mañana se metió a la cama con su mamá y los dos se acurrucaron cómodamente. Poco después, Alex dijo: "Mamá, vamos a casa".

Ella se rió y respondió: "Alex, estamos en casa".

"No, mamá, ¡vamos a casa!", insistió.

Ella tardó un minuto en comprender que él estaba hablando de su hogar en el cielo. Sintió un fuerte impacto cuando entendió lo que el niño había querido decir y al instante dijo: "No, Alex, prefiero quedarme. ¿No te gusta estar aquí?".

"No, mamá, es tonto estar aquí".

Aunque quizás había problemas personales que contribuyeron a lo que sentía este pequeño con respecto a vivir aquí en la Tierra, me pregunto cuántos otros niños sienten que lo que sucede aquí es absurdo. Cuando lo pensamos, nos damos cuenta de que como adultos, a menudo hacemos tonterías por razones poco inteligentes. Pagamos grandes cantidades de dinero con el fin de "vernos bien" (aunque les enseñamos a nuestros hijos que lo que cuenta es su belleza interior); trabajamos 16 horas al día para darles más a nuestros hijos (aunque acabamos dándoles menos de nosotros mismos)... ¿Captas la idea?

Llegar a ser como niños

Hoy en día, muchos de los niños con dones espirituales se preguntan por qué nos negamos a ver la luz que nos rodea y por qué estamos tan involucrados en los juegos de este mundo que no somos capaces de conectarnos con el propósito divino de este planeta. ¿Por qué nos preocupa más lo que otros creen que lo que piensa Dios? ¿Por qué tenemos tantos bloqueos de energía que no podemos escuchar las suaves voces de los ángeles que intentan guiarnos y dirigirnos? Los niños poseen por naturaleza un sentido de conocimiento. Tienen idea de quienes son, de por qué están aquí, y de dónde vinieron (incluso saben a dónde desean volver). La mayoría de los seres humanos pierde todo esto al madurar. Los niños saben dónde está el *hogar*.

Como padres de familia, debemos trabajar para que los niños conserven este conocimiento, debemos honrar su espíritu y apoyar su destino. Pero para hacerlo, debemos conocernos espiritualmente. En cierta forma debemos llegar a parecernos más a los niños.

Bryan, uno de mis clientes, tiene un hijo de cuatro años llamado Sam, que es muy inteligente. Bryan estaba asombrado de la forma en que su hijo entendía la tecnología, y también tenía una conciencia de la vida que impactaba a sus padres. Un día, Sam estaba portándose mal y no estaba obedeciendo a su papá. Después de recurrir a toda su paciencia, Bryan le explicó al niño que más le valía comportarse. Sam miró a su padre directamente a los ojos y con toda calma le dijo lo que sentía en su corazón: "Papá, yo soy más fuerte que tú". Estas palabras y la confianza del niño le causaron un fuerte impacto a Bryan. El niño expresó esta afirmación poco común con honestidad y firmeza.

Al principio, mi cliente empezó a luchar con su hijo, explicándole que él era su padre, así que era más fuerte. Pero cuando lo dijo, se empezó a sentir raro. En lo profundo de su mente, pensó: *Me pregunto si tiene razón.* Esa noche Bryan elevó una oración relacionada con su hijo. Al hacerlo, recibió una confirmación de que Sam estaba en lo correcto: El niño era más fuerte, aunque su fuerza no era física, sino espiritual. Era un niño especial, y quería que su padre se diera cuenta de eso.

En general, nuestra sociedad espera que los niños se porten bien, y no siempre somos tolerantes con la conducta revoltosa, aunque sea adecuada a la edad. Cuando los niños se portan mal, tendemos a reprenderlos o a juzgarlos. En el proceso, nuestros jóvenes pueden perder de vista su fuerza, pues sienten que no la merecen. Como resultado, acaban cerrando sus conexiones espirituales. De hecho, es probable que esto también nos haya sucedido a nosotros.

Al paso del tiempo, Sam impresionó a sus padres por su asombrosa capacidad para resolver problemas. Un año más tarde, Diane, su madre, estaba sola en la casa con él, su hermanita y su hermanito recién nacido. Bryan había estado fuera de la ciudad durante varios días y Diane, que estaba cansada y abrumada, se impacientó con los niños y mandó a Sam y a su hermana a sus habitaciones.

Cinco minutos después, Sam salió calmadamente de su habitación y declaró: "Mamá, recé para que pudieras ser buena. También recé por el resto de nuestra familia, incluyendo a papá, y pedí que pudieran ser buenos. Pero no tuve que rezar para que el bebé fuera bueno, porque es un bebé y siempre es bueno. En cualquier momento te vas a sentir mejor, Mamá".

Sam tiene unos padres que están dispuestos a reconocer su valía, su fuerza y su poder. Esto le beneficia, y también es un don para sus padres. Durante los años en que Bryan y Diane tendrán la tarea de actuar como padres de familia, van a aprender mucho. Tienen más oportunidades de ayudar a su hijo a desarrollarse y llegar a ser un adulto con estabilidad emocional, sencillamente porque no tienen que intentar ser más fuertes que él, y están dispuestos a aprender de él.

La historia de Sam no sólo es importante para los padres de familia; es relevante para todo tipo de personas. Todos nos parecemos a este niño, pues tenemos una fuerza que sobrepasa nuestra comprensión y tenemos la capacidad de superarnos a nosotros mismos. A menudo, podemos tener acceso a esta fuerza cuando recordamos al niño que llevamos dentro. Es posible que esta parte de nosotros mismos recuerde más sobre nuestra fuerza espiritual que lo que recuerda nuestro yo adulto.

Cambiar a través de la caridad

El abuso no es afecto, pero a los niños maltratados les es muy difícil comprender eso. Sin importar cómo lo veas (y a pesar de las letras de las canciones populares que afirman lo contrario), el verdadero amor no causa dolor.

Lo auténtico es la caridad: la bondad, la dulzura y la paciencia. Eso significa aceptar las diferencias y vivir el proceso de apoyar a alguien aunque no haya resuelto las cosas en la forma en que nosotros esperábamos. Cuando tenemos un interés sincero, no nos aprovechamos de las debilidades de otras personas. Somos receptivos ante otras perspectivas y percepciones, y aceptamos lo mejor de cada persona. No somos críticos, sentenciosos ni sarcásticos. Estamos dispuestos a ser honestos y a asumir responsabilidad por la parte del problema que nos corresponde.

El mejor lugar para aprender esto es el hogar. Pero si vives en una familia disfuncional, te podría ser muy difícil entender la caridad. En este caso, el amor podría equipararse con el abuso. Como la persona que comete el abuso es el padre, la madre u otro miembro de la familia, y se supone que debe cuidar al niño (que es lo que hacen las familias, ¿no es cierto?), la mayoría de las víctimas de abuso acaban creyendo que debe haber algo mal en ellas. Suponen que merecieron todo lo que les pasó porque eran malas. Aprenden a odiarse a sí mismas y temen dar a conocer sus sentimientos de que no son nada debido a que sus heridas profundas son demasiado dolorosas.

Cuando un miembro de la familia comete abusos, el hecho de que el amor esté ausente en ese hogar lleva a creencias peligrosas que hacen que la persona sienta que encontrar el amor es imposible, que el afecto no es necesario para tener éxito en la vida. La única manera de ir más allá de tales sentimientos es superarlos y sanar el alma amándonos a nosotros mismos sabiendo que todos somos hijos de Dios.

Esto exige algo de trabajo. Para llegar a conocer los atributos divinos de un Dios de amor, es necesario que separemos lo divino de la experiencia que tuvimos con nuestros padres terrenales, ya que todos tendemos a relacionar al Todopoderoso con estas figuras de autoridad de nuestra infancia. Por consiguiente, identificamos los sentimientos y creencias que tenemos hacia nuestros padres con nuestras percepciones espirituales. Por ejemplo, si creo que mi padre no me ama, que me abandonó y que lo hizo porque soy mala, podría yo pensar que Dios también se siente así. Tal vez luche a lo largo de toda mi vida para entender cuánto me ama Dios.

Dios *es* amor. No es miedo ni enojo. Y como Él lo sabe todo y nos ama, también conoce la luz y la bondad que hay en nosotros. Estar conscientes de estas cualidades positivas equivale a conocernos espiritualmente. Este es el antídoto perfecto para las ocasiones en que te sientes mal contigo mismo. Al trabajar para superar tus miedos y al optar por desprenderte de tus antiguos hábitos, te mostrarás ante el mundo como una persona magnificente, hermosa y capaz, lo cual requiere que conozcas las verdades superiores sobre ti mismo.

Rumi, el poeta sufí, escribió: "Mucho más allá de las ideas sobre actuar correctamente y actuar incorrectamente, hay un campo. Nos vemos allá". El universo es una universidad magnífica, y la dirección que toma la vida de cada uno de nosotros podría estar en un campo que se extiende más allá de lo que conocemos. Podemos imaginar que el Dios que está en nuestro interior está presente para aconsejarnos a cada momento mientras ejercemos nuestro derecho de elegir por nosotros mismos lo que deseamos y necesitamos en nuestra vida.

En cualquier momento podemos decidir aprender más sobre nuestra identidad espiritual, y el hacerlo nos ayudará a amar y progresar. Siempre que nos sentimos abrumados por emociones negativas o sentimos que nadie nos ama, podemos meditar y orar, cerrando los ojos, y encontrar un lugar en el interior de nuestro corazón que es seguro y hermoso, y entonces pedir ayuda. Podemos pedir que volvamos a sentir amor en nuestra vida, o que podamos recordar nuestra propia naturaleza divina. Después, habiendo restaurado nuestro conocimiento interior, estaremos mejor capacitados para permanecer en el camino correcto y alcanzar el propósito de nuestra vida, mostrando caridad y amor hacia los demás.

Al ir avanzando en tu tarea de sanar, recuerda esta oración, que se atribuye a San Francisco de Asís:

Donde hay odio, que lleve yo el amor.
Donde haya ofensa, que lleve yo el perdón.
Donde haya discordia, que lleve yo la unión.
Donde haya duda, que lleve yo la fe.
Donde haya error, que lleve yo la verdad.
Donde haya desesperación, que lleve yo la alegría.

Concédeme que yo no busque tanto
ser consolado, sino consolar;

ser comprendido, sino comprender;
ser amado, como amar.
Porque es
dando, que se recibe;
perdonando, que se es perdonado;
muriendo, que se resucita a la
vida eterna.

Que Dios te bendiga en tu trayecto eterno hacia la plenitud.

El Proceso

1. Debido a que nuestra relación con nuestros padres puede tener influencia en nuestra percepción de Dios, intenta separar las características de tu mamá y de tu papá de los verdaderos atributos y el amor que corresponden a la divinidad. Para hacerlo, haz una lista de los miedos y juicios que tienes con respecto a Dios. Luego revisa tu lista y ve si tus ideas son en realidad tu percepción de uno o ambos de tus padres.
2. Considera que podrías tener un yo superior o una identidad espiritual y al hacerlo medita las respuestas a estas preguntas:

- ¿Cómo puedo establecer una relación individual e íntima con Dios?
- ¿Cómo puedo mejorar la relación que ya tengo con Dios?
- ¿Cómo puedo sentir todos los días el amor que Dios me tiene?
- ¿Cómo puedo perdonarme para poder sentir el amor que Dios me tiene?
- ¿Cómo puedo amarme y apoyarme como lo hace Dios?
- ¿Cuáles de los mensajes que envío a otros presentan mi propia identidad en forma deshonesta?

- ¿Cómo mi deshonestidad sobre mi valía impide que otros sientan que son valiosos?
- ¿Qué mentiras me digo que impiden que vea yo la verdad sobre mí mismo(a)?
- ¿Cómo impido que Dios o mi yo superior me revelen la verdad sobre la persona que en realidad soy?

3. Escribe una carta personal a Dios. Expresa lo que siente tu corazón y pídele que te guíe y te bendiga mientras estás en el proceso de sanar.
4. Ora y medita. Pide alcanzar un mayor conocimiento de lo que vales por participar en la divinidad.

CONCLUSIÓN

Qué esperar mientras sanas

Este libro se hizo realidad después de varios años de trabajo conmigo misma; después de lograr esta educación "personal" (que incluyó mis problemas familiares), pude ver y entender a muchas otras personas. Aprendí que nuestra guía hacia la verdad y nuestra inteligencia superior siempre llegan a nosotros desde el interior. La información externa sólo nos impulsa a recordar lo que de alguna manera ya sabíamos. La verdad es eterna e inflexible, y nos sentimos bien cuando la captamos, aunque sólo sea durante cierto tiempo. Buscándola remediamos nuestra vida, pues el proceso de buscarla es lo que permite que nos conozcamos y nos amemos a nosotros mismos.

Mi intención al escribir este libro fue ayudar a otros a sanar. Mi exploración a nivel personal me ayudó a entender que la mayoría de las personas no se conocen; es decir, no entienden lo que piensan, lo que sienten, y por qué. Un amigo me dijo que vivimos en un mundo de sentimientos plásticos, sentimientos que no son reales. La mayoría no conocemos nuestras verdaderas emociones. Fingimos que no las tenemos o no somos honestos con respecto a ellas. Como en el caso de un iceberg, hay una gran cantidad de sustancia bajo la superficie, lo que explica el desarrollo y el resultado de nuestra vida.

Aunque tal vez parezca más fácil ignorar o negar el enorme peso del hielo que está bajo el agua, en realidad es mucho más difícil vivir la vida inconscientemente, creyendo que eso no está ahí. Cuando nos conocemos, sin embargo, podemos cambiar. Cuando vencemos nuestro miedo de saber, podemos ser felices; y cuando empezamos a sanar, finalmente empezamos a recibir el amor que necesitamos. ¿No es eso lo que más deseamos a final de cuentas: amar y ser amados?

Aprendizaje participativo

Tenemos una enorme oportunidad de crecer mientras vivimos en este universo. Podemos aprender en muchas formas diferentes, pero el mejor método es el participativo. ¿Cuándo eras niño entendías (y recordabas) más cuando aprendías sobre un sitio geográfico en el salón de clase o cuando visitabas el lugar? En esta vida, no sólo tenemos la oportunidad de descubrir los sentimientos, sino que también podemos experimentarlos, y son muchísimos. Si reprimimos nuestro dolor, no nos permitimos crecer a causa de ese dolor. Es triste que permitamos que valiosas oportunidades para progresar se nos escapen de las manos.

En realidad somos cocreadores de nuestro mundo. Aunque muchas personas creen que Dios está presente en todas las cosas, debemos considerar el hecho de que nosotros también contribuimos al resultado de nuestra vida. Es fácil culpar al universo o a otras personas cuando las cosas no son como queremos, pero como cocreadores, tenemos el poder y la autoridad de planificar una vida saludable, equilibrada y amorosa. Ése es el poder que se nos ha otorgado a nivel divino.

La evolución de sanar

Sanar es una evolución. He visto que mis amigos que se sienten frustrados se preguntan por qué ciertos problemas surgen constantemente y por qué una sola sesión de *counseling* no lo resuelve todo, pero no han comprendido el significado de vivir y adquirir conocimientos. La vida es una universidad y el hecho de cobrar conciencia de las cosas es el laboratorio donde podemos acabar con todas las confusiones que existen en nuestro interior, ¡y al hacerlo podemos aprender! En el proceso, nos perfeccionamos. Algunas personas suponen que la perfección es una palabra de acción, pero en realidad es una palabra relacionada con *ser*. A medida que alcanzamos este ideal, nuestro nivel de educación se eleva. La mejor sabiduría que podemos adquirir es crecer en nuestro interior y subsecuentemente crecer como *personas*.

Cuando nuestra percepción cambia en nuestro interior, nuestra visión del mundo también se altera; eso es lo que significa el cambio. Hacemos esto en forma natural cuando hacemos ajustes en nuestra mente subconsciente. Este proceso de transformación ocurre en nuestro interior y a nuestro alrededor porque hemos cambiado nuestra capacidad consciente. Debido a que el cambio a menudo parece aterrador, el proceso podría atemorizarnos. He tenido clientes que dicen que sienten como si estuvieran muriendo, y la verdad es que una parte de ellos está falleciendo. Evolucionamos cuando crecemos: ciertas partes de nosotros mueren (por ejemplo, ideas y comportamientos antiguos), dejando espacio disponible para el crecimiento y para nuevas ideas y maneras de ser.

Permanecer en el lugar donde estamos durante la transformación

A menudo, queremos cambiar nuestro mundo externo para poder ser felices. Si nuestro panorama interno se modifica primero, entonces con frecuencia el panorama externo no necesita alterarse de manera muy drástica para que consigamos lo que deseamos o necesitamos. He tenido clientes que mientras se están transformando temen que va a ser necesario presentar una demanda de divorcio, terminar con una relación, renunciar a un empleo o cambiarse de casa. Pero es prudente permanecer en el mismo lugar y conservar el equilibrio durante el proceso de cambio. Ése no es el momento adecuado para tomar decisiones permanentes en lo que se relaciona con el aspecto físico de nuestra vida, como mudarnos de casa, renunciar a un empleo o terminar con una relación matrimonial. En lugar de eso, deberíamos nutrirnos con alimentos saludables y hacer el ejercicio adecuado.

Te recomiendo que permanezcas en tu mismo lugar cuando estés realizando cambios de gran magnitud, hasta que sientas que has avanzado gracias al proceso que estás viviendo. Normalmente, mis clientes pasan por un periodo de un día a una semana, y en ocasiones más largo, durante el cual el mundo externo les parece diferente.

Después de realizar el cambio, tal vez haya necesidad de reajustar la vida a nivel profundo, quizás consiguiendo un nuevo empleo, mudándote de casa o terminando una relación. Me gusta recordarles a las personas que antes de tomar medidas drásticas, se aseguren de que lo que en realidad necesitan es un cambio abrupto, y estén seguras de que eso será benéfico para ellas.

Se permite llorar

Es importante saber que llorar es la forma natural en que el cuerpo libera las emociones y el estrés que se han acumulado. Cuando trabajamos con problemas personales y familiares es común que vivamos periodos en que sentimos ganas de llorar, pues eso es parte de la forma en que nos liberamos y sanamos. El sanar puede ser rápido, pero no tan rápido que no tengamos tiempo de sentir.

Hay dolor cuando nos desprendemos de experiencias tristes y atraemos experiencias felices. De hecho, normalmente me preocupo más por las personas que dicen que jamás lloran que por las personas que dicen que lloran con mucha frecuencia. Sin embargo, un exceso de lágrimas podría indicar que algo está mal y que podrías necesitar ayuda. Si lloras demasiado y eso te preocupa, consulta a un especialista calificado. Además, si en cualquier momento sientes que podrías estar sufriendo depresión o que necesitas atención médica por alguna otra razón, ponte en contacto de inmediato con un profesional en el campo de la salud. Algunos procesos de autoayuda requieren de asistencia profesional en el caso de personas que tienen ciertas necesidades o condiciones.

Siente el gozo

El objetivo final es que los hombres y las mujeres experimenten gozo. Aunque muchos de nosotros sentimos que nuestra infancia tuvo muchas carencias, todos hemos tenido la oportunidad de crear algo más en la familia que formamos siendo adultos. Esto es algo que he aprendido y algo que he hecho. A pesar de nuestras tendencias humanas de retroceder a los patrones antiguos que recibimos como legado, podemos transformarnos, y ese cambio puede ser más fácil si estamos dispuestos a pasar a través del proceso de sanación.

☯

EPÍLOGO

Una última mirada al pasado

Al ir avanzando, date la oportunidad de considerar el título de este libro: *Cómo sanar el historial de tu familia*. Los conceptos que encierra el título y que están presentes en el libro en sí, te han pedido que mires al pasado. Sabes que *quieres* sanar, ¿pero tus ancestros desean o necesitan que tú cambies y progreses? Si al igual que yo, tú crees en la vida después de la muerte, es posible que sí lo deseen. Yo tuve que considerar seriamente este concepto antes de tener una experiencia poco usual una fría noche invernal, siendo ya muy tarde.

El vaquero de mi mente

Era casi la una de la madrugada y mi familia ya se había ido a acostar. Yo estaba disfrutando unos momentos de silencio sola, me acurruqué frente a la acogedora hoguera que mi esposo había encendido. Casi me estaba asando con el calor y empecé a quedarme dormida. En este estado de somnolencia, percibí a un hombre extraño de pie frente a mí; llevaba un traje de vaquero y me estaba sonriendo. Parecía interesarse mucho en mí. Al verlo desperté al instante, me senté a toda velocidad y miré alrededor para asegurarme de que estaba sola. Me asusté un poco y pensé: *No es posible que lo haya soñado, ¿o sí?* No había nadie en la sala, así que olvidé la experiencia, me fui rápidamente a la cama y me quedé profundamente dormida.

Al día siguiente, mi padre me llamó por teléfono. Hablamos de los niños y de la familia como normalmente lo hacíamos. Casi al final de la conversación, le comenté la extraña experiencia que había tenido frente al fuego. Mi padre respondió: "Bueno, tu tatarabuelo Jim era vaquero".

Mi padre era un genealogista profesional y se sentía orgulloso de los conocimientos que tenía sobre la historia de nuestra familia. Había escrito al menos cinco novelas sobre nuestros ancestros, que estaban elegantemente encuadernadas y se conservaban en bibliotecas de genealogías. En mi casa también había algunos ejemplares, pero como yo no estaba muy interesada en el tema, lamento decir que sólo había abierto un par de ellos. Si alguien podía contar historias sobre nuestros antepasados, era mi padre, no yo.

Sentí un nudo en la garganta mientras mi padre hablaba. Me dijo que siendo muy joven, Jim había viajado a Texas con sus padres. En el camino, sus padres enfermaron y se les puso en cuarentena en una isla en el Golfo de México. Ahí murieron, dejando a mi tatarabuelo huérfano. Un mensajero hizo llegar la noticia a un miembro de la familia que vivía en Texas, quien viajó a la isla, recogió al niño y se hizo cargo de él.

Este relato me rompió el corazón. Yo tenía dos hijos, así que el pensar que mi tatarabuelo había quedado abandonado siendo niño me causó mucha tristeza. Quería saber más, así que mi papá continuó.

Al crecer, Jim se convirtió en un muchacho salvaje. Tenía una actitud rebelde y se fue de la casa para convertirse en vaquero. Como era usual en esa época, las armas y las balaceras eran parte de la vida diaria. Él vivía con imprudencia y despreocupación y empezó a meterse en problemas con la ley. En una ocasión fue arrestado y encarcelado por asesinato, pues se le acusó de matar a un mexicano. Más tarde, Jim huyó con mi tatarabuela Lucy. Ella era una jovencita bondadosa, pequeña y bonita, hija de una pareja adinerada. Cuidó de su marido con cariño y tuvieron una familia de 16 hijos.

¡Vaya! ¡Qué historia tan maravillosa!, pensé.

Mientras mi papá estaba hablando, yo deseaba poder ver una foto de este antepasado mío. Cuando terminó el relato, mi papá me dijo: "Becky, tienes una foto de Jim en uno de mis libros". Cuando colgué el teléfono, corrí al librero que estaba cerca del piano en la sala y busqué en cada página de ese libro hasta que encontré la imagen correcta. Me quedé sin habla cuando me di cuenta que el hombre de la foto (mi tatarabuelo Jim) en realidad era el hombre que yo había visto la noche anterior.

Me emocioné y estaba ansiosa por saber más. Por fortuna, toda su historia estaba al alcance de mi mano. Al leerla, supe que Jim había tenido la vida de un personaje en una película de John Wayne. Era un vaquero fuerte y apuesto que cabalgaba por Chisholm Trail en Texas. Mi padre escribió: "Absolutamente todo pasaba por Chisholm Trail en 1871, y ocurrían todo tipo de cosas. Reinaba la actitud de los vaqueros, sus competencias, diferencias culturales y prejuicios, y había conflictos que se resolvían en forma rápida y permanente con el conveniente y siempre presente revolver".

Mi bisabuela escribió en su autobiografía que el abuelo Jim "tenía un aspecto cruel, y se supone que había matado a un mexicano que sabía demasiado sobre algo. Por lo que sé, fue muerto a sangre fría".

Yo me preguntaba *qué significaba eso.* Como maestra de psicología, pensé en los numerosos estudios que establecen una relación entre la mente y el cuerpo, y en las investigaciones que explican que nuestro ser físico podría contener partes de las memorias emocionales y de los procesos de pensamiento de nuestros antepasados.

Estudié más sobre la vida de Jim, pensé en lo que pudieron haber sido sus pensamientos, y empecé a elaborar lo que supuse que pudo haber sido su perfil emocional. En vista de que yo había llevado a cabo cientos de sesiones privadas de terapia antes de tener esta experiencia, estaba capacitada y calificada para llegar a ciertas conclusiones. Con esta información, empecé a reconstruir una porción del historial de mi familia; no en cuanto a las relaciones físicas, sino una parte del mapa emocional que pudo haber llevado a mis antepasados a comportarse como lo hicieron, y por lo tanto a crear su vida en ciertas formas.

En lo profundo del rudo exterior del abuelo Jim probablemente había un muchacho que había sufrido, que tenía miedo y se sentía solo. Sus miedos pudieron impedirle crear relaciones basadas en el amor y avanzar con éxito. Jim era como muchos de nosotros somos en la actualidad: involuntariamente, nuestro dolor del pasado puede llevarnos a tomar decisiones que causan sufrimiento a otros.

Cuando nuestros antepasados nos han dañado, es probable que una mirada profunda a su vida nos lleve a comprender que hicieron su mejor esfuerzo con lo que sabían y entendían en su época. Es más fácil perdonar y olvidar cuando podemos sentir empatía con sus circunstancias y entender su historia. El hacerlo nos ayuda a abrirles nuestro corazón, no a cerrárselos, que es lo que debemos hacer si queremos sanar el historial de nuestra familia.

El sendero hacia el amor

Todas las técnicas, programas, teorías y enseñanzas religiosas tienen éxito y progresan cuando se basan en principios de amor. Los procesos que enseñan principios contrarios al amor, a la larga fracasan. De la misma manera, las familias que participan en procesos de pensamiento y en comportamientos subsecuentes que se basan en el miedo, hacen que el amor se aleje del grupo. Al paso del tiempo, estos grupos experimentan disfunciones cada vez mayores. Nos agraden o no los miembros de nuestra familia, aprender a preocuparnos por ellos es esencial para comprender cómo amarnos a nosotros mismos. En vista de que somos parte de estas personas, juzgarlas, odiarlas, temerles o repudiarlas equivale a hacer lo mismo hacia nosotros mismos.

Mi búsqueda para conocer a mi tatarabuelo, y en esa forma comprenderme mejor, me llevó a fomentar un mayor amor hacia mi familia. Nunca he conocido a un vaquero de carne y hueso, sólo pude verlo con los ojos de mi mente esa noche de invierno, pero puedo decir que tengo una mayor devoción hacia mi familia después de conocer mejor las dificultades que él tuvo que enfrentar siendo niño. Mi corazón se llenó de compasión cuando escuché la historia de su vida.

Sé que otras personas amaron al abuelo Jim a pesar de sus problemas; uno de ellos es mi papá, otra es mi abuela. Se las arreglaron para mirar más allá de su tosca apariencia exterior y amar al anciano loco en que se convirtió. Es natural que los hijos amen a sus padres. Pero al crecer empiezan a juzgarlos y a repudiarlos. Lo maravilloso de las familias es que a pesar de los momentos difíciles y del dolor, tenemos un deseo natural de buscarnos. Cuando podemos hacerlo, podemos sanar. Cundo no podemos hacerlo, a menudo acabamos sintiéndonos sin amor, sin apoyo, rechazados o abandonados. Entonces estamos listos para transmitir nuestros temores y nuestro dolor a nuestros hijos.

¿Cuántos de nosotros tenemos estos terribles sentimientos? ¿Cuántos de nosotros se los transmitimos a nuestros hijos? Tomando en cuenta la disfunción masiva de nuestro mundo, podría yo suponer que muchos de nosotros experimentamos estas emociones a niveles muy profundos, aunque no estemos dispuestos a admitirlo. ¿Qué tan importante es para nosotros identificar estos miedos subyacentes y tener un sentido de valía personal y una conexión positiva con nuestras familias? Este proceso es esencial para que nuestro mundo sane y cambie.

Hasta la fecha, no estoy segura de por qué pude ver el rostro de Jim en mi mente esa fría noche de invierno; tal vez esa experiencia tuvo el propósito de enseñarme algo nuevo sobre mis antepasados y sobre mí misma. Desde el punto de vista espiritual, me gustaría creer que si existe la vida después de la muerte, Jim tiene un interés personal en mí y me estaba sonriendo porque me ama. Tal vez, sin importar dónde esté, él tiene un deseo especial de sanar a su familia.

RECONOCIMIENTOS

Estoy agradecida con mis hijos, que renunciaron al tiempo que pudimos haber disfrutado juntos si yo no hubiera estado escribiendo este libro. También estoy agradecida con mi esposo, Shane, por encargarse de los detalles de la casa para que yo pudiera encerrarme en mi oficina y terminar este proyecto. Hemos vivido muchas cosas juntos; sin él, yo no sería la persona que soy y no habría podido escribir este libro.

La forma en que veo el mundo, el proceso de sanación que he vivido y la persona que he llegado a ser, son el resultado del amor de muchas personas. No podría nombrarlas a todas. Sin embargo, expresaré mi reconocimiento a unas cuantas personas clave que me ayudaron a crear, desarrollar y producir esta obra.

En primer lugar, este libro no existiría sin las asombrosas destrezas editoriales de Stephanie Gunning y Jana DeVore. Stephanie me apoyó en el proceso de organizar y crear el libro. Janna me rescató al final y le dio forma al libro con su extraordinario talento editorial, llevando a cabo las revisiones finales. Estoy muy agradecida con ambas.

También, y de importancia similar, quiero expresar mi agradecimiento a Stephen Covey por violar su política de "no escribir prólogos" y brindarme su valioso apoyo en el desarrollo de este proyecto. El respaldo que me brindó puso a mi alcance posibilidades que no habría tenido en otras circunstancias. Muchas gracias, Dr. Covey.

También deseo expresar mi agradecimiento a mis otros grandes mentores que me respaldaron en esta obra: James Jones, Ph.D., Dra. Christiane Northrup, y Marie Osmond.

También le doy las gracias a Stephanie Evans de la Agencia Imprint por estar de acuerdo en representarme y coordinar la venta de este libro.

Agradezco a todos los empleados de Hay House, me agrada ser parte del equipo, y a Jill Kramer por su entusiasmo personal y su compromiso con este libro.

Estoy agradecida con mis numerosos clientes que han confiado en mí y me han escuchado. Nuestros maestros son nuestros estudiantes, y nuestros estudiantes son nuestros maestros. Gracias por permitirme aprender de ustedes.

Estoy agradecida con varias de mis mejores amigas, en especial con Mariellen Tuckett quien me acompañó, habló conmigo y me animó a lo largo del trayecto. Connie Boucher me brindó apoyo físico, me animó con amor y me escuchó. El apoyo de Janine See me mantuvo en la ruta correcta. Y deseo expresar mi agradecimiento a Lisa Bergman y a Lori Gin por haber leído mi obra y por los consejos que me dieron. También deseo mostrar mi agradecimiento a Emily Carbone, editora y amiga de la familia, que estuvo de acuerdo en revisar la obra en el último momento.

Mi madre, Nancy Linder, siempre ha sido mi mejor amiga. Mis hijos hacen bromas sobre la cantidad de veces que la abuela habla por teléfono en un día. Si no fuera por el infinito amor de mamá y por el apoyo que recibo de ella, no habría podido realizar este proyecto.

También expreso mi agradecimiento a mi padre, Bill R. Linder, por el amor con que llevó a cabo su trabajo en lo que concierne a la historia de la familia y por compartir su talento como escritor.

Quiero expresar mi agradecimiento por ser miembro de *El Club* (hace años, mi hermana y yo decidimos darle a nuestra familia el nombre de *El Club*). Como la mayor de cinco hermanos, fui la primera integrante de *El Club*. Todos los días me siento agradecida por el amor y la influencia de sus integrantes. Gracias por todo, a mis *hermanas bonitas*, Martha Montagnoli y Callie Steuer, y a mis extraordinarios hermanos Richard y Robert Linder.

NOTAS

Prólogo

1. Víctor Frankl, *Man's Search for Meaning* (New York: Bucaneer Books, 1959).

Introducción

1. Christiane Northrup, *Mother-Daughter Wisdom: Creating a Legacy of Physical and Emotional Health* (New York: Bantman Books, 2005), p. 3.
2. Estas estadísticas y hechos adicionales sobre el importante papel que tienen los padres en la vida de sus hijos pueden encontrarse en este libro de Jeffrey M. Levine y Keneth A. Dachman, Ph.D.: *Fathers' Rights: Hard Hitting and Fair Advine for Every Father Involved in a Custody Dispute* (New York: Basic Books, 1997), p. 46.
3. Northrup, *Mother-Daughter Wisdom*, p. 3.
4. Steven Pinker, *The Blank Slate: The Modern Denial of Human Nature* (New York: Viking, 2002).
5. Candance B. Pert, *Molecules of Emotion: Why You Feel the Way You Feel* (New York: Scribner, 1997).
6. Nancy L. Segal, *Entwined Lives: Twins and What They Tell Us about Human Behavior* (New York: Dutton Books, 1999).

Capítulo Uno

1. Harville Hendrix, *Getting the Love You Want: A Guide for Couples*, (New York: Henry Holt, 1988), p. 9.

Capítulo Dos

1. Max Lucado, *If Only I Had a Green Nose* (Wheaton, Ill.: Crossway Books, 2002).

2. VerDavidPopenoe, *DebunkingDivorceMyths*(NewBrunswick,N.J.:Proyecto Nacionalsobre el Matrimonio en la Universidad Rudgers, 2002), http://health.discovery.com/centers/loverelationships/articles/divorce.html; ver también Popenoe, *Life without a Father: Compelling New Evidence That Fatherhood and Marriage Are Indispensable for the Good of Children and Society* (New York: Martin Kessler Books, 1996).

Capítulo Tres

1. Kathryn Black, *Mothering without a Map: The Search for the Good Mother Within* (New York: Viking, 2004).
2. Bernie S. Siegel, *Love, Medicine & Miracles: Lessons Learned about Self-Healing from a Surgeon's Experience with Exceptional Patients* (New York: Harper & Row, 1986).

Capítulo Cuatro

1. Deepak Chopra, *Ageless Body, Timeless Mind: The Quantum Alternative to Growing Old* (New York: Three Rivers Press, 1993).
2. Debbie Ford, *The Dark Side of the Light Chasers: Reclaiming Your Power, Creativity, Brilliance, and Dreams* (New York: Riverhead Books, 1998), 11-22 pp.
3. James J. Jones, "Let's Fix the Kids!": *A Parenting Resource Manual*, 6th ed. (J. J. Jones) 1997).
4. Bunji Tozawa & Norman Bodek, *The Idea Generator: Quick and Easy Kaizen* (Vancouver, Wash.: PCS Press, 2001).
5. Norman Bodek, "Mistakes," *Strategos Lean Briefing* (Newsletter of Lean Manufacturing & Factory Science) July 28, 2003; ver también http://www.strategosinc.com/briefs18.htm
6. Ver Thomas R. Ley, Wesley R. Burr, Ivan Beutler, Floyd W. Yorgason, Brent H. Harker and Joseph Olson, "The Family Provile II: A Self-Scored Brief Family Assessment Tool," *Psychological Reports* 81, No. 2 (1997): 467-477 pp.

Capítulo Cinco

1. Ver Boyd K. Packer, *Teach Ye Diligently* (Salt Lake City, Utah: Deseret Book, 1975), 273-276 pp., para obtener más información sobre la analogía del guante y la mano.

2. Ranae Johnson, Ph.D. es la fundadora del Instituto Ojo Rápido [Rapid Eye Institute] y la creadora de la Tecnología Ojo Rápido (RET por sus siglas en inglés Rapid Eye Technology). Es experta en factores que bloquean la sanación y que se originan en el nacimiento. En el sitio Web de la Dra. Jonson, puede encontrarse mayor información sobre sus investigaciones: www.rapideyetechnology.com; también en los materiales educativos que publica el Instituto Rapid Eye, Salem, Oregon, 509-399-1181.
3. Peter Hurd & Allison A. Bailey, "Finger Length Ratio (2D:4D) Correlates with Physical Aggression in Men but not Women," *Biological Psychology* 68, No. 3 (March 2005): 215-222 pp.
4. Ver Robert S. Feldman, J. A. Forrest, & B. R. Happ "Self-Presentation and Verbal Decepcion: Do Self-Presenters Lie More?" *Basic and Applied Social Psychology* 24 (June 2002): 163-170 pp.
5. Estadísticas presentadas por Douglas E. Brinley, Ph.D., "Strengthening Your Marriage and Family," Brigham Young University Campus Education Week seminar, August 2005.
6. Estos hechos y otros similares sobre personas felices pueden encontrarse en David G. Myers "The Funds, Friends, and Faith of Happy People," *American Psychologist* 55, no. 1 (January 2000): 56-67 pp.

TÍTULOS DE ESTA COLECCIÓN

A Itaca no se llega por mar / La calle de Alejandría. *L. Becerra*
A los pies del maestro. *Jiddu Krishnamurti*
Como una hoja al viento
Consejos a Cenicienta. *Suzanne E. Harril*
CuidándoMe. *Mary Kay Mueller*
De princesa a méndiga. *Mi Lady Di*
Del masoquismo utópico al masoquismo científico. *R. Mares*
Desayunos para el alma. *R. R. Cárdenas*
Desfabulario. *Ramiro Garza*
Dones del loto. *Virginia Hanson*
El árbol de la vida. *C. Cicero y Sandra Cicero*
El arte de la guerra. *Sun Tzu*
El arte de lucha espiritual. *Grant Schnarr*
El jarrón azul. *Peter B. Kyne y Carlos Alberto Sánchez*
El mago de Java *Kosta Danaos*
El proceso equilibrante. *Sharon Seivert*
El último mundo. *Richard Spiegel*
El viaje infinito. *C. Schmill S*
Enseñanzas Zen. *Asikaga Yoshiharu y Rosemary Brant*
Frases célebres de los grandes ingenios. *Desper*
Guía espiritual para el nuevo milenio. *A. J. Beth'el*
La Era del cristal. *Sanamsin Omsandar*
¿La vida es bella? *Marie-Andrée Linteau*
Las enseñanzas de las artes marciales aplicadas al golf.
Las mejores frases célebres de México y el mundo. *A. Morales*
Más allá de lo obvio. *Christine Page*
Mente secuestrada. *Pamela Richardson*
Ni son todos los que están, ni están todos los que son. *González*
Nunca digas adiós. *Patrick Mathews*
Oraciones para meditar hoy. *Adam Bittleston*
Palabras para vivir. *Ramiro Garza*
Puntos de crisis. *Julian Sleigh*
Radiomanías. *Ramiro Garza*
Sanando tus lazos familiares. *Rebecca Linder Hintze*
Si el cielo es tan maravilloso, ¿por qué estamos aquí?. *J. L. Brooker*
Titanes de la oratoria. *Varios*
Un arte de vivir. *André Maurois*
Viajando donde el chamanismo y la psicología se encuentran.
Zen y el arte de la felicidad. *Chris Prentiss*

Impreso en los talleres de
MUJICA IMPRESOR, S.A. DE C.V.
Calle Camelia No. 4, Col. El Manto,
Deleg. Iztapalapa, México, D.F.
Tel: 5686-3101.